"Este libro es una joya" -

Rev. Kittim Silva-Bermúdez (Presidente del Concilio Internacional de Iglesias Pentecostales de Jesucristo y pastor de una congregación en Queens, Nueva York. Es miembro de la junta de Directores de radio Visión Cristiana y anfitrión del programa radial Retorno. Además, es autor de varios libros).

"Este libro está bien escrito. Es un libro profundo. Muchos autores escriben panfletitos. Este libro posiciona el lector frente la persona de Jesucristo para brindarle la oferta de la salvación. Pocos libros hacen esto." –

Rev. Rosendo Souffront (fundador de las siguientes iglesias del concilio Asambleas de Dios, Distrito Hispano del Este: Iglesia Filadelfia, Brooklyn, NY, Iglesia Pentecostal de Bayshore, Bayshore, NY, Iglesia Arca de Salvación, Freeport, NY, Iglesia Monte Zion, Huntington, NY, Iglesia El Mana, Bayshore, NY, Iglesia Cristiana Brazos Abiertos, Medford, NY)

TRIUNFANDO SOBRE LAS CRISIS DE LA VIDA

POR EL PASTOR

EDGAR VERA

DEDICATORIA

Dedico este libro a mi amada esposa Elizabeth con la cual Dios me ha permitido vivir, 24 años; con quien he triunfado sobre un sin número de veces sobre las muchas circunstancias adversas de la vida. Gracias Dios por esta compañera, ¡fiel!

También dedico este libro a mis dos hijas; Alyssa Jean y Veronica Beth; dos tesoros de Dios, regalos a nuestra vida; por las cuales siempre oro para que ellas también sepan hacerle frente a las pruebas de la vida; sabiendo que con su confianza en Aquel que les dio; sus talentos, destrezas, habilidades especiales; también les ha dado todo lo que ellas necesitan para la vida y la piedad. ¡Que Dios les llene de esa fe triunfadora!

CONTENIDO

PROLOGO (6)

CAPÍTULO 1: ANA, LA VICTORIA DE UNA MUJER AFLIGIDA (9)

CAPÍTULO 2: SARA – LA HISTORIA DE UNA MUJER QUE LO
TENÍA TODO; CON NECESIDAD DE SER LIBERADA DE LA
DESESPERACIÓN (21)

CAPITULO 3: LEA – UNA MUJER OLVIDADA QUE ENCONTRÓ SU
SATISFACCIÓN EN DIOS (33)

CAPITULO 4: REBECA – UNA MUJER VIRTUOSA QUE ARRUINO
SU HOGAR (55)

CAPÍTULO 5: LA SAMARITANA – UNA MUJER TRANSFORMADA
Y HECHA LIBRE DE SU PASADO (73)

EPILOGO (89)

SOBRE EL AUTOR (91)

PROLOGO

Este libro trata sobre las diversas luchas que cada uno de nosotros enfrentamos en la vida. No hay ningún ser humano que se pueda escapar de las luchas que giran en torno al reto que enfrentamos en las distintas esferas de la vida. A veces tenemos luchas económicas, relacionales, físicas, psicológicas, y emocionales. Lo cierto es que ninguno nacido de mujer es exento a las dificultades de la vida. Es por esto que el tomo que usted tiene en sus manos es una mina de información que le ayudara interpretar sus circunstancias con más agudeza.

Estaremos mirando las vidas de mujeres que vivieron a los albores de la historia Bíblica en un tiempo tan distinto al nuestro que podemos ser tentados descartar sus historias como anticuadas e irrelevantes para la vida moderna. Sin embargo, al entrar en los detalles de sus vidas, nos daremos cuenta que ellas no eran tan distintas que nosotros. ¿Por qué elegí mujeres? Si eres varón, puede ser que pienses que este libro es para mujeres. Pero, como autor, le pido que no huya de sus páginas tan rápidamente. Le invito acercarse a las vidas de estas mujeres y mirar a través de un lente de aumento biográfico, para ver de cerca las luchas, las ansiedades, las fuertes agonías, por las cuales tuvieron que trazar. Le prometo que serás movido mientras observa los profundos valles por las cuales tuvieron que caminar, y sobre todo, serás edificado y fortalecido al aprender como triunfaron a través de una fe conmovedora e inconfundible en un Dios que todo lo puede. Si hay algo que aprendemos en este libro, y en si es una de sus finalidades, es que Dios no tan solo tiene poder para cambiar las circunstancias de nuestras vidas, sino que Él también tiene el poder para dar gracia para perdurar en medio de las pruebas de la vida. Triunfar no solo se trata de vivir libre de dificultades, sino que también tiene que ver con una capacidad de permanecer en medio de la tribulación.

Elegí mujeres para plantear el colorido de este libro, porque en la cultura bíblica, como en nuestra era moderna, hay veces que las vidas de las mujeres giran en torno a la figura masculina. No podemos hablar de Sara, sin hablar de Abraham, no podemos hablar de Rebeca sin hablar de Isaac, no podemos hablar de Raquel, sin hablar de Jacob, no podemos hablar de Ana, sin hablar de Elcana; y así sucesivamente las historias de las mujeres bíblicas están intercaladas dentro de la tela de la vida de los hombres con las cuales estaban asociadas. Al mirar el detalle de la vida de estas mujeres, comprenderemos más la dinámica con la cual tuvieron que lidiar las figuras, tal vez, más prominentes de la Biblia.

Deseo agradecerle, andar esta jornada conmigo en este mi primer libro, y pido que lo leas con la semejante devoción, con la cual estuvieras leyendo una biografía de su propia vida. Lea con cuidado, con atención, enfocado, y concentración, para que captes los detalles que tal vez, Dios usara para efectuar el cambio en su vida, que posiblemente usted necesita.

Dios le bendiga,

Pastor Edgar Vera

15 de junio, 2015

CAPITULO 1
ANA – LA VICTORIA DE UNA MUJER AFLIGIDA

CAPITULO 1

ANA – LA VICTORIA DE UNA MUJER AFLIGIDA

UNA HISTORIA FASCINANTE
Una de las historias más fascinantes de la Biblia toma lugar en el periodo de los jueces. Había una crisis en la tierra, y ante las muchas deficiencias presentes con la cual lidiaba la nación de Israel, era el silencio del cielo. Había poca palabra profética de parte de Jehová en el pueblo, en aquellos días. No existía profeta que se parará en la brecha con el mensaje oportuno de Dios para la nación de Israel.

Eran tiempos de sequía. Eran tiempos de aridez pero de las más críticas. El clima espiritual estaba seco y el liderato llamado por Dios a dirigir el pueblo estaba en un lugar comprometedor donde la fuerza moral escaseaba. Lamentablemente había una falta de respeto hacia las cosas santas de Dios y para aclarar el estado pésimo del liderato espiritual, había pecado de índole sexual en sus medios. Se agrega que el ministerio de aquellos días, se caracterizaba por la avaricia y el egocentrismo.

Estamos hablando aquí de los tiempos del sacerdote Eli, y de sus dos hijos; Ophni, y Phinees. Su historia desagradable se encuentra en los primeros cuatro capítulos del primer libro de Samuel. Eran tiempos de oscuridad espiritual en el ministerio del sacerdocio. Los hijos de Eli; Ophni y Phinees eran hombres de poca cordura espiritual. Ambos tomaban por fuerza los pedazos más gordos de los sacrificios que traía el pueblo y violaban la ley de Jehová para los sacrificios del altar de bronce. A demás tenían relaciones sexuales con las mujeres que velaban en la puerta del tabernáculo y su padre Eli no tenía la fuerza moral para reprender sus hijos, porque también el seguramente se beneficiaba de los asados que hacían sus hijos. La Biblia describe Eli como un hombre perezoso, siempre sentado, de sobre peso (7), caracterizado por poca diligencia espiritual, es la implicación. Sin lugar a dudas el pueblo de Israel sufría la crisis de un liderazgo carente de vitalidad espiritual.

LOS ESCÁNDALOS
Los escándalos, las caídas de naturaleza moral en el ministerio no son novedades de nuestros tiempos. Tampoco han sido los inventos de medios noticiosos que dan mayor circulación a sus periódicos e historias dándole cobertura con lente de aumento a estas situaciones. Las Escrituras tienen suficiente material para desarrollar la historia de una novela. El sexo, el dinero, y el poder no sólo son elementos encontrados en una novela que embriaga un público, cada noche, adicto a sus capítulos. Lamentablemente son los mismos

ingredientes encontrados en un ministerio que se ha apartado del Señor.

La falta de Palabra de Dios, un liderato débil, la irreverencia, y la presencia del pecado sexual en el ministerio tenía la nación de Israel viviendo en una neblina espiritual que llenaba todo el pueblo. Nunca debemos pensar que nuestro estado espiritual no influye en los demás, especialmente a los que están debajo de nosotros. En el caso de Eli y sus hijos murieron 34.000 israelitas (8) y el arca del pacto fue quitado.

UNA MUJER QUE SUFRÍA
Dentro de este contexto de oscuridad espiritual vivía una mujer quien sufría una de las angustias más difíciles de sus tiempos. Esta mujer se llamaba Anna.

La crisis de esta mujer era que ella era estéril. En una sociedad donde toda la identidad de una mujer estaba ligada a su fertilidad, la esterilidad no era problema de pequeña magnitud. Todo su propósito en la vida, era tener hijos, era la aportación al crecimiento de la nación, especialmente el tener hijos varones. Ellos representaban la esperanza de Israel y las hijas de Israel encontraban su realización en la crianza de hijos. ¿No es esto lo que reflejó Raquel cuando en profundos llantos y lágrimas, grito con voz en cuello a su marido, "¡Jacob, dame hijos o me muero! (1)?" ¿No es esto la desesperación que llevo Sarah implorar Abraham que entrará en Agar? (2); ¿No es esto lo que produjo el gozo inefable de Eva cuando declaró, "el Señor me ha dado otro varón en lugar de Abel, y le llamo Set...?" (3).

Desde nuestros tiempos y con la influencia del feminismo, una sociedad moderna mira el retrovisor de la historia y critica las Escrituras como un libro anticuado que reprime la mujer. Pero al considerar el rol de la mujer en estas sociedades agrarias donde grandes familias eran necesarias para el desarrollo del cultivo y la agricultura de las tierras, de las cuales la supervivencia dependía; tener grandes familias era un asunto indispensable. A esto agregamos que la defensa de la familia era cosa de importancia y en los números estaba la fuerza al defenderse contra tribus y clanes invasores. Este rol del género femenino era de importancia capital. La estima de la mujer, era por necesidad, ligada a su fertilidad, y de allí radicaba su propósito, identidad, y rol crucial. La infertilidad de Anna la rendía marginada y sin valor dentro de un sistema que dependía de las mujeres para la propagación de la posteridad.

Casi podemos escuchar en silencio los pensamientos de ella y su monólogo interno. Podemos imaginarnos sus conversaciones con sus amigas. Nos imaginamos su incomodidad al ver que sus amigas ya iban pasando la etapa de la adolescencia e iban pariendo hijos a sus maridos, sintiéndose realizadas; pero Anna no; su vientre estaba seco, in fértil, y posiblemente era la metáfora del estado espiritual del sacerdocio de sus tiempos.

A medida que pasaba el tiempo, cada vez más, se hacía obvio que había un problema con ella. Era obvio que su vida estaba estancada. Se veía que lo que se esperaba de una joven de su edad, en esa cultura, no se estaba realizando. Estaba paralizada en su progreso y se destacaba no por alguna virtud en su vida si no por el estigma de la infertilidad. Para agravar el asunto, su marido Elcana tenía otra mujer llamada Pennina.

LA RIVALIDAD

La poligamia era practicada y común en aquellos tiempos; cosa no recomendable, pero permitida. Era aceptable dentro de las normas sociales de aquellos tiempos pero no necesariamente consistente con los propósitos y la Palabra de Dios. No era una norma que Dios deseaba para Su pueblo. El ser humano no ha sido diseñado para vivir en relaciones poli-amorosas. Sus emociones negativas lo impiden y erigen una barrera contra la armonía en tales situaciones. Los que piensan que se puede vivir saludablemente en tales arreglos se auto engañan y viven bajo la ilusión de algo mucho menos fascinante de lo que se pretende. Todos los ejemplos bíblicos de los hombres que practicaron la poligamia demuestran que sus hogares fueron invadidos por problemas con raíces en la envidia y la discordia. Las envidias de Sara y Agar (4), las contiendas de Amnon, y Absalon (5), el desacuerdo de Rebecca cuando su hijo mayor Esau tomo para sí dos mujeres (6), la rivalidad de Raquel y Lea (9), y ahora la rivalidad entre Anna y Pennina deben ser suficientes ejemplos para mostrar que la poligamia está lejos del ideal de Dios para el matrimonio.

No debemos confundir el permiso de Dios con la voluntad de Dios. El no siempre está de acuerdo con lo que El permite. El todavía sabe influir y cumplir Sus propósitos a pesar de nuestras decisiones que están en conflicto con Su voluntad perfecta. El es soberano.

Está otra mujer de Elcana, tenía hijos y le servía de gran aflicción y agravio a Anna. Pennina la provocaba y la afligía. Seguramente había un espíritu de competencia entre estas dos mujeres que compartían el hogar con Elcana. Dice la historia que la aflicción de Anna era tan profundo que ella se quejaba y perdía su apetito (10). Su angustia era insoportable. Seguramente, cada vez que Anna veía Pennina abrazar y dar su pecho a sus hijos, era sobrecogida por la aflicción. En palabras coloquiales pudiéramos decir que Pennina se lo "tiraba en la cara." Con sus actos, gestos, y palabras, aumentaba la pésima realidad que Anna era estéril y que no era bendecida. Arrojaba luz sobre esta deficiencia en la vida de Anna con su actitud hacia ella. La presencia de

Pennina en su hogar solo servía para acordarle que había un profundo vacío en su vida, su anhelo innato de ser madre se veía inalcanzable. Ya iba pasando los años, su reloj biológico iba acelerando y su esperanza de escuchar los gritos y los llantos de su propio bebe iban disminuyendo. Nunca cargaría en sus propios brazos el fruto de su propio vientre. Esto pesaba sobre su espíritu cada día; llevaba esta carga dentro de la tormenta de silencio agonizante que vivía y ya no había nada que sirviera de distracción o aliciente para olvidarse de esta negra realidad. Lo peor de todo es que no había nada dentro de su alcance que podía hacer. Cada día despertaba a esta pésima realidad. Su mecanismo de defensa sicológico que compensaba con auto susurros internos que decían, "todo va estar bien, algún día sucederá," ya no funcionaba; Sólo le tocaba rendirse y sucumbir a un profundo pozo emocional llamado, "la desesperación."

El AMOR DE UN MARIDO

Entremedio está contienda de femeninas estaba Elcana. ¿Qué podía hacer? ¿Cómo podía apaciguar la guerra que se lidiaba en el seno de su hogar? Dos mujeres rivales, enemigas, quejándose la una de la otra. Era vivir entremedio un tiroteo de emociones. Con todo y esto Elcana fue hombre noble. Cada año subía a Silo para hacer sacrificios en el tabernáculo. Estaba sujeto al sistema de adoración de sus tiempos. Es probable que lo hacía por motivos culturales de sus tiempos pero no hay indicación en la Escritura que no fue hombre de nobleza y diligencia espiritual. Además todas las indicaciones son que este hombre con toda sinceridad amaba su mujer, Anna. Cada año al subir al tabernáculo daba doble porciones a su mujer Anna e intentaba consolarla con su amor. ¿Qué nos dice los gestos de Elcana de su carácter? Nos revelan que era hombre responsable que se preocupa de la herencia espiritual necesaria de su familia. No era descuidado en el rol espiritual de su hogar. Sin faltar subía cada año para adorar (11). Además el hecho que daba porciones a todos sus hijos para el sacrificio mostraba que era hombre capaz de suplir las necesidades de su familia. Estaba haciendo la inversión espiritual en su familia que marcaría su hogar como un verdadero hogar israelita comprometida con su sistema de adoración y a su fidelidad a sus creencias, sus tradiciones, y a su Dios. Era un hombre que se preocupaba por darle una identidad religiosa a su familia. Lo cierto es que, Anna tenía un buen esposo.

UNA MUJER INCONSOLABLE

¿No quisiera tener un buen esposo fiel, toda mujer? ¿A qué mujer no le gustaría tener un hombre a su lado como Elcana?; un buen proveedor, responsable en el hogar con sus hijos, con su trabajo; un hombre de principios y convicciones; y por encima de todas estas virtudes era consciente y atento a las necesidades de su mujer. Elcana era el tipo de hombre con la cual sueñan las mujeres y de la cual muchas mujeres les encantaría identificarse. Realmente Elcana era de bendición y de dicha en la vida de Anna; a tal magnitud que en cierta ocasión Elcana le exclamo a Anna, "¿No te soy yo mejor que diez hijos?" En otras palabras Elcana le hacía comprender, "Anna, no es lo que no tienes, simplemente mira a tu alrededor, mira las bendiciones que están a tu lado." En pocas palabras le estaba diciendo, "Anna, tienes que pensar en las cosas positivas de la vida. No te puedes dejar hundir en un charco de melancolía." Aunque los consejos de Elcana eran sabios, eran insuficientes para sufragar su instinto materno que se encontraba en bancarrota. En otras palabras ella decía entre sí, "Gracias Elcana; sé que me amas y te preocupas por mi; me has cuidado, pero hay una necesidad más profunda en mi vida, que, ¡ni tu amor puede sufragar!"

UN SENTIDO DE ESPERANZA EN BANCARROTA

Anna comprendió que hay momentos en la vida que ni lo bueno sirve de sustituto cuando se trata de las necesidades más profundas del alma. Estaba consciente que cuando se trata del corazón y de alcanzar aquello en la vida por lo cual estamos dispuesto sacrificar todo, no hay nada que pueda tomar el lugar de aquello que más sentido y significado nos da en la vida. Una vida cómoda, un buen marido, los lujos y lo que los demás consideran el éxito, pierde su atractivo cuando entendemos el incalculable valor y el propósito por la cual hemos sido creados. ¿No es esto lo que Jesús ilustró en Su parábola de la perla de gran precio (12)? Aquel negociante estuvo dispuesto vender todo lo que tenía por obtener aquella piedra raramente vista, preciosa, y de alto precio. Ninguna de sus posesiones en mano podía comparar con la dicha de ser dueño de aquella hoya rara e incomparable. Anna tenía un buen esposo en la mano pero no servía de manto para enjugar sus lágrimas. ¿Será que habrá una lección aquí para el cristiano? Lector, si eres creyente, ¿será que cuando usted permite sustitutos en su vida estás perdiendo de vista aquello para lo cual Dios te ha llamado? Una carrera, la comodidad y un sentido de seguridad; ¿será que has permitido que estas cosas buenas te hayan robado el fuego de desear algo más profundo en Dios? Anna rehusó el consuelo de Elcana por obtener el premio mayor. Entendió que nunca alcanzaría significado en la vida hasta sentir los dolores de parto en su propio vientre.

SU HISTORIA COMIENZA CAMBIAR

Es aquí donde la historia de Anna dio un hito. La historia de Anna nos enseña que la desesperación no es tan desesperante como aparenta sí sabemos conducir esa desesperación a un fin saludable y de provecho. La desesperación no nos tiene que aplastar. Anna nos demuestra que la desesperación puede ser superada. Ella llevo su desesperación más aya de los auxilios humanos. Ella hizo con su desesperación lo que hace todo aquel que es sabio; fue y lo llevo ante la presencia de Dios. La historia dice que lloró con amargura y no le importaba lo que los demás pensarán de ella. Ella hizo un voto y prometió a su Dios que sí le mirase favorablemente y le quitará su aflicción, ella le dedicaría su hijo todos los días de su vida y no "pasaría navaja sobre su cabeza." Con este detalle su hijo, demostraría toda la vida, que estaba dedicado al servicio de Dios. En la Biblia, esto se conoce como un voto nazareo. Otros personajes en la Biblia que tuvieron un voto nazareo fueron Samson, y Juan el Bautista (13).

LA MADUREZ QUE SE ENCUENTRA EN LA ANGUSTIA
Cuando consideramos las palabras de Anna, vemos su nobleza y vemos una madurez extraordinaria. Después de haber anhelado con tantas ansias su propio bebe, después de haber deseado aguantar en sus propias manos y en su propio seno, su propia criatura, su prole, tenía la disponibilidad de regresarle su don al Señor; no pidió con egocentrismo. Hay cosas que suceden en el crisol de la prueba que nos llevan a niveles de madurez en la vida que ninguna otra experiencia puede producir. Nos acuerda del personaje, Paul Baumer, en la novela de Erich María Remarqué, "All quiet on the western front;" quien luego de haber regresado de la intensidad de la guerra belicosa de la Primera Guerra Mundial no pudo hablar de la intensidad de sus experiencias con nadie y se sentía como un extranjero entre su propia familia. Ya no era la misma persona. La guerra lo había marcado de tal manera que lo único que anhelaba era el silencio y la soledad (14). La angustia tiene una manera de marcarnos y hacer de nosotros otra persona. En lo cierto está, que muchos han sufrido en manos de los que han perpetuado el mal y el daño, y han quedado cojeando y marcados en la vida; pero aún de estas tragedias no huye la esperanza. Vale hacer una pausa y reflexionar. ¿Será que las crisis en las manos de Dios son Sus herramientas para llevarnos a los motivos más puros que el corazón del ser humano pueda alcanzar? En el caso de Anna, su disposición emocional, el rendimiento de su voluntad, sus deseos entregados y sujetos al autor de la vida; con su crisis, subió a la cúspide del entendimiento y lucidez espiritual donde pudo ver el panorama de la verdad; y en el horizonte entendió que los hijos son herencia de Jehová. Él es quién da la vida y por tanto, nuestros hijos no son nuestros, son del Señor. Anna razono con Dios, y en pocas palabras dijo en su corazón, "Dios, el hijo que quiero tener, lo quiero tener para ti!" La ruta a esta nobleza se trazó a través de la angustia.

EL SUFRIMIENTO NO PUEDE SER DE BALDE
Historias como las de Anna dan la esperanza que ningún sufrimiento humano es de balde. Tiene que haber algún motivo, alguna razón de tras de la realidad del sufrimiento. Aún está historia resalta con sutileza que "Jehová había cerrado el vientre de Anna (15)." ¿No es El quien abre y cierra puertas?; ¿No es El quién determina la ruta de los arroyos, y de los ríos? Los ateos arguyen

que sí Dios existiera, ¿porque hay sufrimiento en el mundo? La contra respuesta articulada en el libro "Reason for God" por el Dr. Timothy Keller, plantea con fuerza que tal pregunta refleja lo angosto que puede ser la mente del escéptico. Tal pregunta sugiere que sí Dios existe tiene que existir dentro del marco de nuestros antojos y lo que nosotros definimos como bueno. ¿No es esto una cosmo-visión angosta? ¿Por qué no damos libertad a nuestros pensamientos deliberar que tal vez Dios tenga un propósito con el sufrimiento que existe (16)? No se puede escapar de nuestra mente que Dios tenía un propósito con la crisis de esta mujer.

EL SUFRIMIENTO INTRANSFERIBLE

Ser una persona en crisis puede ser más difícil de lo necesario cuando los demás nos mal interpretan. Es lamentable decirlo, pero nadie verdaderamente sufre una crisis con el que sufre. El que sufre lleva su propia cruz por más de cerca que estemos acompañado. Lo más que puede hacer un compañero es simpatizar con el que sufre y tratar de asimilar un poco el dolor. Puede servir de algún aliciente pero es imposible trasladar nuestra aflicción a los demás. Nadie puede llevarla pero usted. La madre que sufre por un hijo desahuciado en estado terminal, es incapaz de aliviarle el dolor a su hijo en hospicio por más quebrantamiento emocional que sienta. Hay una realidad en el sufrir que es intransferible. Tenemos el dote de empatía y tener compasión de los que sufren y esta es una de las enseñanzas del Apóstol Pablo (17); pero por más alivio que otro individuo nos de tenemos que cruzar el río tempestuoso dentro de la realidad de nuestra propia experiencia. Es la experiencia del Peregrino en la historia de Juan Bunyan; quien tuvo que cruzar el río tenebroso de la muerte para llegar a Monte Zion y a las puertas de la ciudad celestial. Allí con gran temor comenzó a cruzar aquel río buscando el fondo firme sin hallarlo. Su amigo, en esta historia alegórica, Esperanza, mantuvo su rostro sobre las aguas mientras su fe fue retada como nunca antes (18). Este es un cuadro de la crisis; no hay puentes, ni balsas, que nos puedan llevar, es necesario cruzarlo con mano aguantada de la esperanza mientras nuestra fe es probada.

En el caso de Anna mientras ella cruzaba su valle de aflicción fue malinterpretada por el sacerdote Eli. Mientras Eli estaba sentado junto a uno de los postes del templo el observaba los labios de Anna mientras ella gemía en silencio. Ella estuvo en este estado de gemir por largo rato. Necesitaba tiempo para procesar lo que sentía en su alma. La carga interna que llevaba era pesada y se tomó tiempo derramar ante la presencia de Dios toda la gama de su pesadumbre. Tenía que tomarse su tiempo para soltar la querella, y desnudar su alma delante del Señor. No podía ser un proceso leve y rápido, no podía ser un proceso superficial. Era un asunto con demasiada seriedad para tomar a ligeras. El tiempo lo necesitaba ella aunque el poder de su Dios podía operar milagros en tan solo segundos.

Eli no tenía el discernimiento ni la sensibilidad espiritual para discernir lo que sucedía en ella. Miro su vida y lo interpreto a través de sus pensamientos cauterizados y a través de una óptica distorsionada. La reprendió, acusándola de estar ebria de vino. ¿No es esto lo que hacen aquellos que se piensan espirituales y que tienen aire de superioridad espiritual? Muchas veces los religiosos son rápidos para pasar juicio pero no compadecer se dé la necesidad del herido. Sólo hay que leer el libro de Job y podemos observar con una interpretación ligera que sus amigos, le acusaban de haber pecado, aunque el había sido justo. Aquellos que están en posición de supervisión y guía espiritual tienen que buscar llenarse del Espíritu de Dios y sobre todo del amor de Dios para poder percibir las necesidades de los demás con compasión. Es lastimoso cuando erramos haciendo un juicio falso del carácter, de los demás, especialmente a aquellos que sufren sin salida. Se suele decir, "es una adúltera, un borrachón, un idólatra, un fornicador; está pagando las consecuencias de sus propias acciones;" pero no se nos ocurre pensar que, tal vez tal persona ha sido víctima del infortunio y del mal. No ignoramos que somos responsables por nuestras propias acciones, pero el mayor ejemplo está en los ojos de Jesús quien miro las masas con compasión porque eran como ovejas sin pastor (19).

EL REFINAMIENTO DEL SUFRIMIENTO

Anna no permitió que nada la detuviera de derramar su corazón delante de su Dios. Llego a un nivel apto en su sufrimiento que lo único que importaba era lograr ser escuchada por el Señor. Toda distracción, acoso, y opiniones de los demás desaparecieron al trasfondo invisible y sólo importaba ese momento tan necesario en la presencia de Dios. Era un momento definido y transformador para ella. La historia afirma que Dios se acordó de ella. Cuando regreso a su casa en Rama, Elcana tuvo relaciones sexuales con ella y, ¡ella concibió! Su oración fue contestada (20). Por fin su sueño se hizo realidad. Lo que tanto anhelaba comenzó suceder en ella. La experiencia de madre que tanto quería, el crecimiento de su útero, las patadas, y el movimiento de su bebe en sus entrañas, y con el tiempo escucharía el primer llanto de aquel profeta cuyo nombre sería Samuel, el último juez de Israel y único personaje en el Antiguo Testamento que ocupo las designaciones de profeta, sacerdote, y juez.

HACIENDO SU HISTORIA NUESTRA HISTORIA

Es aquí que tornamos la historia hacia usted querido lector. ¿Cómo se puede identificar usted con esta historia? ¿Está usted pasando por alguna prueba insoportable que piensas define la calidad de vida que estás viviendo? ¿Qué es aquello que anhelas tanto que daría definición a tu vida y que produciría en usted la realización que usted busca? ¿Qué es aquello en ti que te hace quedar corto ante los sueños que tanto anhelas lograr en tu vida?

¿QUIERES CAMBIAR?

La historia de Anna obliga hacerte la siguiente pregunta: ¿realmente quieres cambiar? El cambio que buscas depende del poder de Dios, pero, ¿será que Dios está esperando que usted llegue a su cima de transformación?; ¿Será que Dios está esperando que llegues al estado de mente, y corazón donde nada más importe, sólo Su respuesta?; ¿Será que todavía no has gastado todos tus recursos en los sustitutos del mundo, como aquella mujer que había gastado todo en los médicos hasta que llego tocar el borde de las vestiduras de Jesús (21)? ¿Será que todavía tu orgullo y ego personal no te dejan rendirte y depender sólo en Aquel que todo lo puede? ¿Todavía sigues pensando en que dirán los demás, y no quieres admitir que necesitas ayuda? Anna es tu ejemplo. Ella te muestra que hasta que no llegues al fondo de ti mismo y de tus debilitados recursos, el estado que no satisface, mediocre sigue. La siguiente pregunta que estamos forzados hacer es; ¿hasta cuándo persistiremos en el presente estado de cosas; cuando cambiáremos? ¿Hasta cuándo estarás así? ¿Será que hay una correlación entre el rendirse por completo a Dios y la cantidad de tiempo en que nos encontramos en la prueba? ¿A qué distancia está tu mano del borde de las vestiduras de Jesús?; ¿cuánto falta para que la virtud de Jesús opere un milagro en ti? Posiblemente esa es una pregunta muy lejos de tu alcance para responder. La historia de Anna nos muestra que hasta que no estemos miserables de estar miserables, hasta que nuestra miseria no haga impacto en nuestra voluntad de querer cambiar, lo más probable es que seguiremos viviendo la vida acompañados de la miseria. Es probable que Dios permita que te encuentres en un callejón cerrado en la vida, sin salida, hasta que te des cuenta que el único que puede intervenir en tu situación es El. Esta parece ser la experiencia de Anna y sus motivos fueron pulidos a tal nivel que su único motivo al salir de su callejón encerrado, y pozo de miseria y desesperación, ya no tenía nada que ver con sus deseos personales; sino el querer lograrlo para la gloria de aquel de quién proviene toda buena obra y dádiva.

Amigo, antes de culminar este capítulo, porque no sacas un momento de agarrar su Biblia y lea con detenimiento el primer capítulo de 1 Samuel. Léalo con lentitud, sin prisa y meta se dentro de la piel de Anna; sienta por unos momentos lo que ella sintió; mire las cosas de su punto de vista. Tal vez hay algo allí con que te puedas relacionar e identificar. Por algún motivo Dios ha permitido que su historia sobreviva en las páginas de las Sagradas Escrituras para que te veas en ella como aquel que se mira en el espejo. Permita que su vida te infle de esperanza y sepas que sí Dios lo hizo por ella, también lo podrá hacer por ti. Siga subiendo, hasta la cima de su situación hasta que tu desesperación haya servido de escalera para llegar a niveles de madurez en Dios donde tu triunfo se ligué con el singular motivo de glorificar a Dios a través de las situaciones más difíciles de tu vida. Hay profundidades en el sufrimiento que sólo entenderemos en la eternidad. No le dijo Dios a San Pablo, "basta te en mi gracia, Mi fuerza es perfeccionada en la debilidad. (22)"; lo que nos enseña es que no se trata de una vida acojinada sino de Su gloria.

Sígueme al próximo capítulo donde camináremos por un tiempo con una mujer que lo tenía todo y a la misma vez, no tenía nada.

NOTAS Y REFERENCIAS
1. Génesis 30:1
2. Génesis 16: 3, 4
3. Génesis 4: 25
4. Génesis 16: 4, 5
5. 2 Samuel 13: 23-38; Amnon y Absalom, tenían diferentes madres pero el mismo padre, El rey David. La multiplicidad de David con sus muchas mujeres iba contra las instrucciones de Dios (Deuteronomio 17: 14-20)
6. Génesis 26: 34, 35
7. Ver 1 Samuel 1: 9; 1 Samuel 2: 29; 1 Samuel 4: 18
8. 1 Samuel 4:2; 1 Samuel 4:10
9. Génesis 30:8
10. 1 Samuel 1:6,7
11. 1 Samuel 1:3-5
12. Mateo 13:45,46
13. Jueces 13:1-5; Lucas 1:13-17; 1 Samuel 1:11
14. Erich María Remarqué fue un veterano alemán de la Primera Guerra Mundial y escribió su obra se publicó en el 1929
15. 1 Samuel 1:5
16. The Reason for God, publicado por Rivehead Trade, 2009
17. Romanos 12:15
18. Libro Progresó del Peregrino, escrito por Juan Bunyan, 1678
19. Mateo 9:36
20. 1 Samuel 1:19,20
21. Mateo 9:21
22. 2 Corintios 12:9

CAPITULO 2

SARA – LA HISTORIA DE UNA MUJER QUE LO TENÍA TODO; CON NECESIDAD DE SER LIBERADA DE LA DESESPERACIÓN

CAPITULO 2

SARA - LA HISTORIA DE UNA MUJER QUE LO TENÍA TODO;
CON NECESIDAD DE SER LIBERADA DE LA DESESPERACIÓN

UNA DAMA FINA

Era una de esas damas finas. Se puede decir que ella lo tenía todo. Era cómo
una de esas mujeres emancipadas y realizadas, que habitan las ciudades
cosmopolitas del mundo, y tienen suficientes recursos para comprar en
Bergdorf Goodman, Saks Fifth Ave., Neiman Marcus, o una de esas otras
tiendas caras donde sólo suelen los ricos entrar. Manejaba bien sus entornos
en la alta sociedad y se sentía cómoda en la presencia de los educados y de
la aristocracia. Estamos hablando aquí de una dama de la alta sociedad.
Tenía dinero suficiente para invertir en los mejores cosméticos de su día. Sí
hubiera salón de belleza en aquellos días, no faltaría la pedicura, la manicura,
y todos los otros tratamientos que suelen embellecer y hacer una mujer verse
más arreglada, atractiva, y presentable en sociedad. No estaríamos lejos de la
realidad sí diríamos que era una mujer privilegiada. Sus recursos eran tantos
que tenía hasta sirvientes. Probablemente no ocupaba tiempo en aquellas
tareas domésticas de la cual se quejan muchas amas de casa. Lavar los
platos, hacer las camas, cocinar, limpiar, lavar las ropas, pasar la aspiradora, y
esas otras tareas del hogar que nos hacen sentir como sí nunca terminan y de
los cuales se piensa que nos roban el tiempo para invertir en los otros
proyectos de la vida que pensamos tienen mayor provecho o diversión.

Esta mujer tenía suficientes recursos para usar vestidos de las telas más finas
y si esto no fuera suficiente era una mujer extremadamente bella. Era atractiva
lo suficiente como para poner su foto en las carátulas de aquellas revistas de
moda que frecuentan las tiendas de los aeropuertos, y filas de los
supermercados, "Vogue, Cosmopolitan, Bazar, Marie Claire," y otros. Para
muchas mujeres, la vida de esta dama era la vida ideal. Era una mujer que
fácilmente podía ser envidiada por las demás mujeres.

Añadimos que la mujer de la cual estamos hablando tenía una vida muy
estable. Tenía un marido empresario con alto éxito en sus negocios. Era uno
de los hombres más ricos de sus tiempos y de las regiones de sus tiempos.
Era excelente negociante. No sólo esto, este marido era muy fiel a ella y la
llevaba por todas sus excursiones y viajes en el transcurso de su carrera.
Realmente la amaba con ternura y la trataba muy bien. Lo interesante de esta
mujer de quien estamos hablando es que ella también tenía sus virtudes. No
ocupaba el rol prototipo de la mujer adinerada, maltratando sus empleados,
creyendo ser mejor que los demás. Estas cualidades no sobrevivían en ella. A
cambio era una mujer muy leal, y fiel a su marido. Era la ayuda idónea de la

cual habla la antigua historia bíblica, cuando habla de la creación de la mujer y de las nupcias.

Si todavía no has podido captar de quien estamos hablando, tal vez te sorprenderá saber que estamos hablando de Sara, la mujer de Abraham. Sé que hemos usado bastante hipérbole para ilustrar el estilo de vida que vivía Sara, pero sí fuera mujer de los tiempos modernos no sería exageración que ella tuviese acceso fácil a todo lo que hemos antes dicho. Tal vez es sorpresa que estemos hablando de Sara pero cuando analizamos su historia nos damos cuenta que ella tenía acceso a un alto estiló de vida para los tiempos en que ella vivía. Su esposo era entre los nobles de sus tiempos. Era adinerado grandemente, era hombre de prominencia en su era (1).

UN MARIDO PUDIENTE
Para poder apreciar la calidad de vida en la cual vivía Sara miraremos algunos de los detalles de la vida de su marido Abraham que tienen menos que ver con su estatura espiritual en el panorama religioso y más con su estatura socio-económica en sus tiempos. La historia narra que la sustancia de Abraham era tanta que tuvo conflictos con su sobrino Lot (2). Abraham había tenido dos hermanos, Nacor y Harán. Lot era el hijo de Harán pero Harán se había muerto y tal parece que Abraham como un buen tío tomo a Lot bajo su tutela y custodia. Es decir, Abraham, se puede decir, hizo la función de un padre hacia Lot (3). Lo más cerca que tendría Lot a un padre en términos de afecto y experiencia sería su tío Abraham. Esto es un detalle que afirma los valores saludables de Abraham y el tipo de persona que él era. A demás, Abraham había tomado para sí, Sara de la cual se dice, era estéril (4). Las implicaciones son que lo más cerca que llegaría Abraham a tener un hijo se encontraba en Lot, siendo que su mujer Sara era estéril.

La historia nos da un vislumbre de cuando Abraham comenzó amasar riquezas y posesiones. Hagamos una excursión, un momento para ver un poco del trasfondo de la vida de Abraham, esposo de Sara. Nos dice la historia bíblica que cuando Jehová le habló y le dio instrucciones a Abraham salir de su tierra Ur, Abraham reunió todas sus posesiones para emprender el viaje (5). El empezó acumular posesiones durante su estadía en Harán.

Cuando Taré, el padre de Abraham había salido de Ur hacia Canaán, se detuvo en Harán, y allí murió. Tera murió en Harán a los 205 años de edad. Por su puesto que estamos hablando de una era cuando la longevidad del hombre era mucho más que la era moderna; aún con la ayuda de medicinas sintéticas y la biotecnología. No sabemos lo que sucedió en Harán pero si sabemos que allí comenzó crecer las finanzas y acumulaciones de Abraham y de su sobrino Lot. Abraham también acumulo siervos en aquel lugar. No podemos decir a ciencia cierta, pero puede ser probable que lo que Abraham comenzó acumular allí era en parte, por la herencia de su padre quien había muerto.

ABRAHAM SIGUE ACUMULANDO RIQUEZAS

Otro lugar donde Abraham acumulo riquezas fue en Egipto. Era una hambruna la que motivó Abraham llevar a su familia allí (6). En parte la acumulación de riquezas en Egipto estaba relacionado con la belleza de Sara. En aquellos tiempos como en los nuestros se estimaba la belleza y se le daba importancia a la apariencia física tal y como lo hacemos en nuestra era moderna. Al entrar en Egipto Abraham sabía que Sara era muy hermosa. Al enterarse los egipcios que ella era su mujer le matarían para tomar posesión de ella. En su preocupación, Abraham le dijo a Sara que mintiera pretendiendo que era su hermana. Este plan le estaba trabajando y a causa de la belleza de Sara el faraón comenzó darle ovejas, bueyes, asnos, sirvientes, y camellos. Seguramente, el motivo del faraón era hacer un intercambio con Abraham para obtener a Sara. Había puesto un alto valor sobre la belleza de Sara y la quería como su mujer y posiblemente como parte de su harem. Lo que sucedió luego demuestra que el favor de Dios estaba sobre Sara y Abraham. Dice la historia que Dios impuso plagas severas sobre la casa de faraón, y el faraón se dio cuenta que en sí Sara era la mujer de Abraham (7). Al descubrir esto y teniendo gran temor, puso guardias sobre Abraham y le escolto fuera de las tierras de Egipto. Es así como Abraham incrementó en riquezas a tal punto que sus posesiones y las posesiones de su sobrino Lot entraron en conflicto. El ganado de Abraham era tan grande que los pastores de Lot entraron en contiendas con los pastores de Abraham y el resultado de este conflicto fue que ambos se tuvieron que separar (2).

REGRESANDO A LA PROTAGONISTA

Es aquí donde regresamos a la protagonista de esta historia. Siendo que el relieve bíblico hace resaltar tanto el personaje de Abraham, la historia de Sara en la Biblia es una que se mantiene en el trasfondo de la vida más sobresaliente de su esposo. Al principio de la historia conocemos muy poco sobre ella. Sólo sabemos que era una mujer estéril y que era extremadamente bella (8). Hay cinco capítulos en la Biblia que guardan silencio, des de que su personaje es mencionado por primera vez, y no se conoce nada sobre su carácter hasta verla hablar por primera vez.

Sara llego a un punto en su vida donde le pidió a su marido que se acostara con su sierva Agar ya que ella era estéril (9). Es aquí donde se abre una ventana a los pensamientos de Sara y se revela lo desesperada que ella estaba por tener un hijo. Seguramente Sara había oído sobre las maravillosas promesas hechas por Dios a Abraham. Dios le había prometido a Abraham que de su descendencia le iba levantar una gran nación. Esa fue la promesa que Dios le hizo al salir de Harán y seguramente Abraham había compartido estas experiencias con Sara. Le había contado de su experiencia con Dios y como Dios le había hablado. No sólo esto, las promesas de Dios a Abraham, parecían ser, promesas exageradas y llenas de hipérbole. Dios le dijo que su simiente sería como el polvo, es decir, los granos de arena, de la tierra y que sí alguien pudiese contar el polvo de la tierra entonces podrían contar su simiente (10). Cuando consideramos la historia de Abraham le admiramos como el padre de la fe y lo fue, pero si estuviéramos en sus zapatos me imagino que con promesas como estas, parecerían más como exageraciones que promesas, excepto que fueron declaradas por el Dios de lo imposible. Nos vemos obligados imaginar que el compartió estas promesas y experiencias con Sara y sólo nos podemos imaginar que ella deliberaba en sus pensamientos y corazón, cuál sería el significado de estas promesas.

En otra ocasión Dios le dijo a Abraham que tratara de contar las estrellas a ver si podía. Le dijo que así de numeroso como lo son las estrellas, así sería su descendencia. El ojo carnal, según la opinión de muchos científicos, solo puede observar entre 5.000 a 8.000 estrellas aunque, también dicen ellos, que posiblemente hay cuatro veces la cantidad de estrellas en el universo que granos de arena en la tierra (11). Lo que esto da entender es que Dios le estaba haciendo una promesa a Abraham que era extremadamente grande. Una promesa como está queda al borde de la incredulidad. Tomado literalmente, no parece ser posible, sin embargo la historia dice que Abraham le creyó a Dios y le fue contado por justicia (12). Abraham le creyó a dios, no porque era un hombre simple, sino porque había un conocimiento en el extraordinario de que su Dios era el Dios de las imposibilidades. El sabía que el Dios que le había hecho estas promesas era el Dios que había creado los granos de arena del mar y las estrellas iluminarías de los cielos. A través de su fe, venció la duda y le creyó a Dios aunque en términos humanos, lo que Jehovah estaba diciendo no cabía e la mente humana y le quemaría los fusiles a la lógica de cualquier hombre común.

UNA MUJER PRAGMÁTICA

Habían pasado diez años desde que Abraham había salido de Harán, ya tenía 85 años de edad. Había tenido sus dudas pero Dios había intervenido afirmándole que con certeza, el sería padre de multitudes. Dios le afirmo en más de una ocasión que su simiente saldría de sus propios lomos. Si en Abraham podemos observar un nivel extraordinario de fe, no vemos lo mismo en Sara. No podemos elogiarla y decir, que "ella es la madre de la fe." Lo que podemos observar en ella es un pragmatismo. Sí Abraham era un hombre que se movía por fe, no podemos decir lo mismo de Sara. Ella era una mujer más práctica. Ella era el tipo de persona que quería ver los resultados.

Podemos imaginarnos que Sara ya se estaba gastando en paciencia. Sí Abraham había pensado dejar su herencia a su siervo Eliezer, un siervo que había nacido en su propia casa de padres damascenos (13), ¿cuánto más Sara, una mujer que no resalta por su fe...dudaría de las promesas de Dios? Además, estas promesas no habían sido hechas a ella. Le fueron hechas a Abraham. A estas alturas ella podría pensar que Abraham estaba loco; había perdido su mente, estaba alucinando y oyendo voces; estaba fuera de quicio. Además ya ella estaba vieja, tenía setenta y cinco años de edad. Aún para los tiempos bíblicos está era una edad demasiada avanzada para poder concebir un hijo. Era demasiado improbable que Sara iba concebir un hijo y ella lo sabía. Lo más probable era que ya ella no creía en esas promesas. El momento de tener hijos era en su juventud, no ahora que ya había entrado en la edad madura. Muchos años habían pasado y a través de los últimos diez años ella había viajado mucho. Había vivido momentos de reto con Abraham; guerras, noches de largas jornadas, separaciones de sus familiares en Ur y en Harán, la muerte de su suegro Tare, y lo más reciente la separación de su sobrino Lot; es posible que ya ella estaba cansada y no tenía esperanza de ser una madre. Su edad avanzada no lo iba permitir.

UN COMPLOT QUE INTENTA AYUDAR A DIOS

Siendo una mujer pragmática y funcional, ella tenía que pensar en algo más práctico. Para ella ya no servían los sueños, las voces, las ilusiones, y las promesas. Ella era una mujer realista. Ya no quería escuchar de visiones, de arena, y de estrellas; ella quería ver evidencia y ahora tenía que contraer un plan que iba funcionar. Fue aquí cuando ella pensó en una sierva joven que había adquirido en Egipto. Esta doncella joven se llamaba Agar. Agar parecía ser la candidata ideal para traer hijos a la familia. Ella había estado con la familia por unos cuantos años. Tal vez Sara la observaba y ya iba concibiendo el plan en su mente. Entre sí podría decir, "ella es joven, ha estado con nosotros mucho tiempo, se ve dócil y es obediente; puede ser la perfecta candidata para tener nuestro primer hijo." Adoptar hijos no era idea extraña para Sara y Abraham, pues ya ellos habían adoptado a Lot, no sería ningún problema.... Luego ella incrementó en su confianza y se atrevió hacerle la petición, "Abraham se me ha ocurrido una idea. Sé que tal vez sea un poco extraño, pero tu dices que Dios te ha prometido un hijo, mira mi condición, ya yo estoy vieja; ¡Abraham acuéstate con Agar, ella nos puede traer un hijo!"

Nos imaginamos que Sara Iba desarrollando esta idea por un buen tiempo y no nos podemos imaginar que ella contrajo este plan de noche a la mañana. Es posible que ella empezó con Agar primero; "Agar, tengo algo con que necesito que tu cooperes y aunque sea una petición rara, no me vas a decir que no..." Si dejamos nuestra imaginación correr es aquí donde observamos que Sara abusó de su autoridad sobre Agar. Agar tiene que haber sido forzada entrar en una situación no preferida, ni deseado, por ella. Los siervos tenían un status social poco protegido donde tenían una habilidad limitada de ejercer su voluntad. Agar no tenía otras alternativas sino cooperar con el plan desesperado de Sara. Ella no tenía voz, ni voto en el asunto. ¿Cuáles eran sus opciones; Ser despedida; regresar a Egipto?; ¿quién la cuidaría? Si no hubiese cooperado; tendría nombre y reputación de insolente. ¿Quién iba emplear una sierva insolente? Estaba sin opciones razonables para una mujer de su rango social, y tuvo que ceder.

Abraham había sido muy fiel a Dios. Habían pasado diez años de lucha pero de paciencia y fe. Él estaba esperando en su Dios. Sabía que humanamente era improbable concebir un hijo con Sara pero nunca se le había ocurrido tergiversar las promesas de Dios para su vida. Seguía esperando y creyendo a pesar de la improbabilidad. Seguro que Abraham resistió la idea de Sara. Ceder rápidamente era contrario al carácter de un hombre del calibre de Abraham. Era demasiado conectado a las promesas de Dios para sucumbir a la tentación fácilmente.

LA INFLUENCIA QUE EJERCEMOS SOBRE NUESTRO CÓNYUGE

Permitamos aquí un desvío de nuestra historia por un momento. ¿Qué nivel de influencia puede tener un cónyuge sobre otro cónyuge para bien o para mal? Las parejas casadas deben aprender este principio. Ninguna persona puede haber tenido más influencia sobre la vida de Abraham que Sara. Para los que son casados debemos entender la influencia que ejercemos sobre nuestra pareja. El rey Salomón expresó varias veces en sus proverbios lo fuerte que es vivir con una mujer rencillosa. Expreso que era mejor vivir en un rincón o en el desierto que con una mujer contenciosa e iracunda (14). No sabemos cómo Sara le hablo a Abraham pero su importunidad tendría gran efecto sobre la voluntad de su marido. Para los casados, es aquí donde debemos pensar y reflexionar sobre cómo podemos tener un efecto positivo sobre el cónyuge que Dios nos ha permitido tener. Lo cierto es que podemos influir sobre la voluntad de otros con nuestra persistencia y debemos tener conciencia respecto la responsabilidad que tenemos concerniente está realidad. No quedara libre de culpabilidad aquel que influye su prójimo para mal y no debemos pensar que Sara quedo libre de consecuencias.

Sara razono con Abraham recordándole que Dios le había cerrado su vientre (9). ¡Que enorme ironía! ¡El mismo Dios que le había prometido prole es el mismo Dios que había puesto en pausa el sistema reproductivo de Sara! Abraham cedió a la importunidad de Sara e entro en Agar. Aquí hay Una gran enseñanza de la cual debemos aprender. La razón que Sara persistió es porque ella estaba desesperada. La implicación del texto es que habían pasado diez años desde que habían salido de Harán. ¿Qué significa esto? Valga la redundancia, significa que Sara estaba desesperada y que paulatinamente fue transmitiendo su desesperación sobre Abraham hasta que el cedió. Repetimos que los que son casados tienen una enorme influencia el uno sobre el otro hasta el nivel y medida que la desesperación es transferible y puede llevar a las malas decisiones; como estamos observando en la vida de Abraham y Sara.

Nos vemos obligado hacer la pregunta, ¿porque se demoró Dios en responder y cumplir Su promesa a Abraham sí conocía la impaciencia, especialmente de Sara? ¿Será que hay momentos que Dios se dilata en cumplir los sueños que El mismo ha sembrado en nosotros? La noción de ser padre de una nación fue algo que le nació a Abraham sólo cuando Dios le había hablado en Harán. Lo único que podemos decir aquí es que cuando Dios se demora es porque está expandiendo nuestra fe. Toda prueba que Dios nos da viene con el motivo que crezcamos y que expandamos nuestra fe en El. Mientras más esperamos en El, el tiempo produce en nosotros una madurez que los caminos cortos son incapaces de producir.

Es algo triste pensar que después de haber obedecido a Dios y haber caminado dentro de la integridad de una obediencia admirable por un lapso de diez años, Abraham falló. Nos muestra que nadie por más que ha caminado con Dios es exento a las caídas y así como Abraham nadie se escapa de las consecuencias de una caída. Salirse de la vía de la voluntad de Dios trae chocantes experiencias.

LAS CONSECUENCIAS DE TERGIVERSAR EL PLAN DE DIOS

Sara sufrió también las consecuencias de una sierva insolente después que Agar había concebido (15). Agar comenzó mirar a Sara con desprecio. Estas son las consecuencias cuando intentamos ayudar a Dios. Debemos aprender una vez y por todas que la voluntad de Dios tiene su tiempo y no hay nada que podemos hacer para acelerarla, sólo esperar y obedecer. Nos trae a la memoria las palabras del Salmista cuando exclamo, "¡pacientemente espere en Jehová!" A veces tenemos que aprender dejar que nuestras pruebas cultiven el fruto de la paciencia en nosotros. Aún los antiguos griegos solían decir, "la paciencia es una virtud."

Aquello que Sara pensó apaciguaría su desesperación le trajo más frustración. Pudiéramos decir que incrementó su frustración. En vez de mitigar su desesperación, la aumento. Se sintió humillada por su sierva y le causó problemas en su relación con Abraham. Nunca debemos pensar que las rutas cortas no cosecharán aquellas consecuencias negativas que dan raíz a sentimientos de rencilla, amargura, envidias, y celos. El camino más corto a la bendición es a través de la obediencia y la paciencia. La relación entre Abraham y ella se tornó amargo y ella comenzó acusarle de ser la razón y motivo de su miseria (16).

La desesperación de Sara es interesante. He aquí la historia de una mujer rica, lo tenía todo; un buen marido, un hombre de fe, prosperado, bendecido. Ella tenía sus siervas y todo a su disposición en cuanto deseaba en la vida. Sin embargo la encontramos desesperada lo suficiente como para pedirle a su marido que entrara en relaciones sexuales con otra mujer. La lógica detrás de esta petición es difícil descifrar. Lo que muestra esto es que aunque Sara tenía todo lo que quería referente a una vida cómoda y bendecida no fue mujer satisfecha. Pensaba que necesitaba algo más. No negamos que las grandes promesas hechas por Dios a su marido tienen que haber aumentado su deseo por un hijo. Adicionalmente la carrera contra el tiempo también intensifico su deseo de tener un hijo. Además, la presión social de querer cumplir con la función reproductiva de toda mujer. ¿Cómo sería posible partir de esta tierra sin esa experiencia de ser una madre? Entre sí tal vez decía, "no soy una mujer completa hasta no ser madre, y aunque tenga todo lo que una mujer de mis tiempos necesita, no estaré realizada hasta no tener mi propio hijo, entonces lograre mi verdadero propósito en la vida, seré significante."

Cuando analizamos la vida de Sara, funcionalmente, ella no tenía necesidad de nada. Tenía un buen marido, hombre de fe, excelente proveedor, tenía más de lo que muchas mujeres de sus días podían esperar tener. Mirándolo de forma aguda, no necesitaba de una familia grande para cultivar las tierras y cuidar del ganado, tenía suficiente siervos y siervas para cumplir con estas tareas. Acercándonos a su situación con más agudeza aún, tampoco necesitaba de un hijo para heredar los bienes de la casa, ya Abraham tenía eso en Eliezer. Lo cierto es que Sara era una mujer bendecida y en cuanto las cosas funcionales de la vida, no le hacía falta nada.

Si a ella, nada le hacía falta, entonces, ¿que la llevo a una desesperación desquiciada donde le imploró a su marido romper su convenio con ella y entrar a otra mujer? ¿Qué le motivaría entrar en las prácticas de los cananeos de la poligamia? ¿Qué le llevaría incitar su marido a pecar, no sólo contra Dios, sino contra ella? ¿Qué la llevo perder de vista la prioridad de la armonía y salud de su matrimonio; porque puso en riesgo su relación con su marido? Ella es ejemplo de lo que sucede cuando perdemos control de nuestros deseos. Ella es ejemplo de lo que sucede cuando somos dominados por nuestros deseos, ¡descontrolados! ¿Cuál era la raíz de esta desesperación? Cuando estamos desesperados hasta la magnitud de Sara, cuando estamos desesperado a estas alturas, cuando realmente lo que deseamos es algo más de lo que necesitamos y aquello que deseamos domina y satura nuestros pensamientos y toma el timón de nuestras decisiones; sólo hay una respuesta razonable; Hemos perdido la fe, y hemos hecho un ídolo de lo que estamos deseando. Claro que un hijo sufragaría las emociones áridas de Sara, pero con todo y eso, la necesidad de tener un hijo en su vida estaba más ligado a sus emociones que con su supervivencia. Sara le creyó a la mentira social que le decía que ella no era nada y no estaba realizada sin un hijo. No estamos condenando sus deseos naturales e innatos, y posiblemente hasta nobles. Sólo es importante subrayar el gran peligro que hay en hacer un ídolo de algo que deseamos por mejor que sea. A veces las nociones que tenemos de lo que es ideal nos puede llevar a perder el control de nuestros deseos, especialmente cuando el cuadro de nuestra vida no se asemeja en nada a la supuesta vida ideal. Cuando el cuadro de nuestra vida es demasiado distinto a lo que suponemos ser ideal, es cuando tenemos que ejercitar nuestra fe y confiar que Dios está en control y todo va salir bien. No nos debemos desesperar, especialmente por aquellas cosas que no podemos controlar.

MANEJANDO BIEN NUESTRA DESESPERACIÓN

Aquella mujer que tiene problemas en su matrimonio, aquel hombre que no ha podido encontrar un buen trabajo para cuidar de su familia, aquellos padres que tienen problemas con sus hijos, aquel estudiante que fracaso en una materia o en sus estudios, aquella persona que se ha divorciado, aquellos hijos que tienen padres divorciados, aquella persona que lucha con el sobre peso, aquella joven que no se siente atractiva, aquel joven que se siente solo, aquel pastor que su iglesia no crece, aquel líder en la iglesia frustrado, aquella familia que sufre dificultades económicas, aquel empresario o dueño de negocio que no ha podido progresar, el que se ha declarado en bancarrota, el que ha perdido su casa, y tantas cosas más; ¿quién no vive bajo las supuestas normas ideales? Por más más debajo de lo ideal usted se encuentre sólo hay una solución para triunfar; confié en Dios y en los méritos de Su Hijo Jesucristo, y permita que el Espíritu Santo trabaje en usted y le ayudé ser fiel a Dios en medio de sus circunstancias actuales. No nos olvidamos de las palabras que exclamo Job en su enfermedad, "yo sé que mi redentor vive,...y aún en mi carne veré a Dios (17)!" Su fe era que a pesar de sus circunstancias efímeras, a la larga su victoria inmarcesible era segura en su Dios, porque su Dios estaba vivo, era inquebrantable, vio el cumplimiento del advenimiento de Su Dios a pesar de sus circunstancias y condición pésima. Job entendió lo efímero y lo vano que es la vida. Vivía para cosas más significativas que un cuerpo intacto y que las riquezas del mundo pueden ofrecer. Para vivir a estas alturas tenemos que ser consumidos por nuestra fe, ¡en el Señor Jesucristo!

No importa lo pésimo de sus circunstancias. Sí eres drogadicto, alcohólico, adicto a los vicios del cuerpo de los cuales se incluyen los pecados de naturaleza sexual, la pornografía u otras adicciones, si comienzas hoy confiar en el Redentor que vive, su vida puede cambiar ahora mismo. Comienza confiar en Jesús hoy y pídale que entré en su corazón y transforme su vida hoy.

LA FUERZA DE LA VANIDAD

La historia de Sara nos muestra que detrás de sus acciones descontroladas estaba maquinando la vanidad. Ella pensaba en su imagen, en su imagen ante la sociedad; en el deseo de alcanzar una estatura matriarcal que aunque prometida por Dios solo dependía del tiempo y el reloj de Dios. Su vanidad, su idolatría, y su desesperación eran la fórmula perfecta para llenar su razón de una neblina y hacerla perder de vista la importancia de la paciencia y la fe en Dios.

Hemos aprendido bastante. ¿Qué podemos hacer para apaciguar esos deseos que quieren dominar nuestra voluntad y hacernos acelerar y adelantar las promesas de Dios para nuestras vidas? Sólo hay una cosa que Dios premia, y es la fe. Repetimos que la ruta más corta a las bendiciones de Dios es, ¡la obediencia! ¡Corramos la carrera con paciencia (18)!

1. Génesis 13:2
2. Génesis 13:6
3. Génesis 11:28
4. Génesis 11:30
5. Génesis 12:5
6. Génesis 12:10
7. Génesis 12:17-20
8. Sara es mencionada por primera vez en Génesis capítulo 11. No es hasta el capítulo 16 de Génesis que la observamos hablar por primera vez
9. Génesis 16:1-4
10. Génesis 13:16
11. http://www.universetoday.com/106725/are-there-more-grains-of-sand-than-stars/
12. Génesis 15:6
13. Génesis 15:2
14. Proverbios 21:9,19; 25:24
15. Génesis 16:4
16. Génesis 16:5
17. Job 19:25-27
18. Hebreos 12:1

CAPÍTULO 3

LEA – UNA MUJER OLVIDADA QUE ENCONTRÓ SU SATISFACCIÓN EN DIOS

CAPÍTULO 3

LEA – UNA MUJER OLVIDADA QUE ENCONTRÓ SU SATISFACCIÓN EN DIOS

Posiblemente no hay un trabajo más interesante que el que tiene un arqueólogo. Piénsalo; a pesar de su arduo trabajo excavando las tierras de la antigüedad es premiado con el privilegio de minar la historia de civilizaciones pasadas. Desentierra la historia de culturas que nos precedieron y cuando le toca un descubrimiento es el primero en manejar un artefacto que plasma los secretos, las costumbres, creencias, y los ritos de la vida cotidiana, ceremonial, y religiosa de pueblos antiguos que han pasado a la historia. Sus asadas, palas, brochas, y otras herramientas son como llaves que nos abren una puerta a un túnel de tiempo que nos traslada y remonta a los albores de los siglos pasados para comprender como vivían y pensaron los antiguos que nos precedieron. Nada conoceríamos del antiguo Egipto, de los antiguos griegos, de los antiguos romanos, de los mayas y aztecas del nuevo mundo, y otros imperios que nos precedieron si no hubiese sido por la pala del arqueólogo.

El estudio de las Escrituras es semejante. En ella minamos a través de sus páginas; a través de sus historias, libro por libro, palabra por palabra, texto por texto, capítulo por capítulo, hasta descubrir las vidas de esos personajes de otro tiempo que nos precedió para aprender como Dios trato con sus vidas y esgrimir de ellas, aquellas verdades que nos ayudarán entender como Dios trata con nosotros personalmente.

Si hay algo que podemos entender a través de nuestro estudio de las Escrituras es que Dios es un Dios personal que trata con cada persona individualmente. Él es un Dios que nos prueba. En otras ocasiones somos el objetivo de Su favor y Su gracia. No hay personaje en la Biblia que no nos enseña a través de sus historias que el objetivo de Dios es que cada uno de Sus hijos crezca y madure en su relación con El. Dios no nos dará nada que ponga en reversa nuestro crecimiento en El. Ya sea su gracia, Su favor, y aún la prueba que forja nuestra paciencia, todo lo que Dios hace en relación a nosotros tiene que ver con nuestra madurez y probablemente, nada más. Es esa madurez que El produce en nosotros lo que le trae gloria a Él.

Es por eso que en este proceso de la madurez no seremos capas de escapar de la tentación, de la violencia, del dolor, de la confusión, de las presiones de la vida y sus cargas. Sepa una cosa lector que en medio de su crisis personal, Dios intervendrá por aquellos que son parte de Su plan y son escogidos. Como autor de este breve dibujo biográfico, en la vida de una mujer llamada

Lea, no sé qué tipo de relación usted tendrá con Dios, pero si se una cosa; nada hay más poderoso y útil que la Palabra de Dios para llevar le a un acercamiento al Dios que es un Dios personal; al Dios de la Biblia. Estoy convencido que sí estudias sus páginas como el arqueólogo incansable, y determinado de descubrir, encontrarás una gran verdad ineludible en sus páginas; Dios nos ama, y nos hizo para sí. Como dijo uno de los grandes padres de la iglesia, "estaremos sin descanso hasta que encontremos nuestro descanso en Él." En otro lugar, en unas de nuestras grandes confesiones dice, "el fin del hombre es conocer a Dios y disfrutarle para siempre."

En este tercer tratado en la serie, "Triunfando sobre las crisis de la vida" deseó continuar mi exploración en esos personajes de la Biblia que vivieron arduos momentos de sufrimiento. Quiero mirar los rostros de aquellos que vivieron por momentos difíciles. Son muchos los personajes bíblicos que podemos elegir estudiar. Hay algunos que sobresalen como los árboles más gruesos y altos de un bosque y otros que sin un ojo cuidadoso, se nos escapan y les podemos pasar por alto. Es mi propósito como escritor de esta serie, mantener un ojo agudo en el viaje para mirar de cerca así como se mira una joya con lentitud y cuidado para apreciar su valor y así encontrar las preciosas verdades que son relevantes a mi vida. Espero que mientras sigo excavando pueda provocar un profundo interés en ti de agarrar tu propia pala para que excaves junto conmigo. Estoy seguro que los tesoros que vamos encontrar son inigualables. Creo con firmeza que sí excavas con un corazón sinceró también descubrirás lo que muchos han encontrado; que la Biblia es más que un libro. Es una fuente que salta con verdades que transforman la vida y nos lleva a una mayor verdad aún; nos lleva a comprender que el secreto de la vida eterna se encuentra en un hombre llamado Jesús. Él es el clímax y la cúspide de la historia bíblica, el centro y el eje donde todo lo demás gira, la raíz de todo significado. Cada vez que levantes la pala de estudio del terreno bíblico encontrarás esta verdad reafirmada; que Jesús es la máxima expresión del amor de Dios a la humanidad. Él es el regalo de Dios, la esperanza de la humanidad, y la fuente de la vida eterna. Nada hay que pueda borrar esta verdad indeleble de las páginas de la Biblia.

UNA JOVEN LLAMADA LEA

Te invito ir conmigo en esta expedición. ¡Agarra tu pala y vamos excavar! Juntos excavaremos hasta llegar a un pueblito llamado padan-aram. Allí nos encontraremos con una joven llamada Lea. Una joven que en muchas maneras fue pasada por alto por sus contemporáneos pero no por nuestro Padre Celestial. Espero que al fin de esta historia tengamos en nuestras manos dos grandes verdades; la primera fue expresada por el rey David. Él dijo que aunque sus padres le abandonarán, su Dios nunca le iba fallar. En otras palabras David había sido inflado con la maravillosa verdad que su vida era el blanco de la ternura y de los pensamientos de su Dios y aunque todo el mundo lo abandonara en el camino de la vida, había Uno que nunca le iba abandonar y ese era ¡su Dios! ¡Sabía que nada le faltaría! Hay amigo, todavía no hemos comenzado este librito y me veo obligado preguntar, ¿qué clase de confianza tienes en Dios?; y aún me incluyo yo; ¿cómo pensamos de Dios? ¿Pensamos de El como "nuestro" Dios o simplemente como un dios distante que a veces nos tiene en Su noticia? La confianza de David era extrema.

LA SEGUNDA VERDAD

La segunda verdad que espero encontrar luego de haber excavado arduamente en los textos que pintan la vida de Lea es que tenemos que encontrar nuestro mayor refugio en Dios. Tenemos que aprender que nada en la vida satisface. Repito las palabras de aquel gran padre de la iglesia del cuarto siglo, Agustín de Hiponia; él dijo, "nuestra alma solo encontrara descanso cuando encuentre su descanso en Dios." Hay muchas cosas buenas que Dios da pero aun lo que El da es pálido en comparación con el regalo mayor de conocerle a Él. Esa era la finalidad de San Pablo cuando dijo, "...estimo como pérdida todas las cosas en vista del incomparable valor de conocer a Cristo Jesús, mi Señor, (Carta a los Filipenses 3:8)." Su mayor deseo y su mayor anhelo era "¡conocer a Cristo!" Hay algo de incalculable valor de conocer a Cristo que San Pablo estuvo dispuesto perderlo todo, "...y lo considero como basura a fin de ¡ganar a Cristo...!" Espero que nuestra expedición sea fructífera y provechosa.

En nuestra jornada no quiero que te preocupes. Si nunca has traveseado los terrenos antiguos de las Escrituras prometo ir lento. Prometo no excavar tan hondo ni tan rápido como para cansarte. Tomaremos de las fuentes que allí vamos encontrar para refrescar nuestra garganta. Tomaremos un reposo de vez en cuando en los pastos verdes debajo el inmenso cielo azul. El ardor del sol, nuestra piel quemada, el sudor, la tierra debajo nuestras uñas, y el dolor de nuestros brazos y piernas nos tentara darnos por vencido para tomar las rutas de regreso o hacer una excavación superficial, pero, seguramente nuestra persistencia tendrá sus recompensas y el capitán de la expedición estará con nosotros. Ah, me olvide mencionarle; es el Espíritu Santo que va con nosotros para, "guiarnos a toda verdad y justicia (San Juan 16:13)."

Avanza! No te quedes atrás! La tierra de Padan-aram nos espera!

UNA TIERRA FÉRTIL

Era una tierra fértil. Se cree que la humanidad comenzó allí. Se encontraba dentro de aquella región llamada Mesopotamia que funciono como la cuna de tantas civilizaciones. De allí se deriva los sirios, los babilonios, las historias de Gilgamesh, el código de Hammurabi y tantos otros tesoros del antiguo mundo.

Era aquella tierra que se encontraba entre el río tigres y el Éufrates; la tierra entre los dos ríos. Hoy encontramos allí las tierras de Iran, Irak, Jordán, y otros lugares circunvecinos. Pero dentro de la región había otro territorio llamado Padan-aram. Era aquella región que quedaba a la par del río Éufrates cuya tierra era llana y excelente para aquellos que vivían en tiendas y que cuidaban ganado. Era un estilo de vida semi-transitorio donde la gente se trasladaba dentro de una región para seguir el fluir de los recursos para el sobrevivir. Allí se encontraba una ciudad que se llamaba Harán.

Sí conoces algo de la Biblia sabrás que Harán fue un lugar importante en la historia de nuestra fe. Vamos comenzar a meter nuestra pala de arqueólogo aquí para ver porque.

NACOR, EL ABUELO DE ABRAHAM
Todo comienza con un hombre llamado Nacor de quién se conoce muy poco. Aunque sólo podemos afirmar pocas cosas de su vida, lo que podemos afirmar tiene mucha importancia. Fue uno de los descendientes de Sem, quien fue hijo de Noé; y también fue el padre de Tare quien fue el padre de Abraham. Nacor vivió, tuvo a Tare cuando tenía 29 años y luego se desapareció de la escena bíblica. Pero los breves datos de su vida son importante porque fue el abuelo de Abraham.

Nacor fue el octavo desde Sem, y aunque no conoció a este, su descendiente tatarabuelo los muchos años que vivían estos primeros pos diluvianos de la antigüedad daba oportunidad de transmitir aquellas historias del diluvio, del arca, de Noé, de las memorias de Sem en el arca, los animales, y esa experiencia singular donde ocho personas fueron salvadas dentro de un enorme barco cuando se abrieron las fuentes de la tierra y cayo lluvia por primera vez. Nacor vivió 119 los después de engendrar a Tare y cuantas veces no le contó la historia del diluvio a su pequeño hijo Tare quien por seguro hubiese comunicado la historia a Abraham. Además Abraham tenía 20 años cuando murió su abuelo Nacor. Es posible que Nacor le comunicara estas historias a su nieto Abraham también. Estas historias encantadoras irían formando la fe de un hombre como Abraham, quien sabía que había un Creador personal y así mantendría Abraham un corazón abierto porque sería allí en la tierra de Harán que Dios le hablaría por primera vez para desembarcar en una jornada que haría del padre de la fe y padre de naciones (1).

Es importante entender que Nacor nunca vivió en Harán. Había criado a Tare en Ur, pero fue Tare que se mudó de Ur y se estableció en Harán.

Fue allí, en el pueblito de Harán donde nació la joven Lea. Creo que aquí tenemos que sacar nuestro pico para pegarle a la tierra un poco para ablandarla y así entender la historia bíblica un poquito mejor.

Permítanme hacer aquí una pausa para compartir algunos datos, no tan importantes de mi vida que pienso nos ayudara comprender la historia de Lea un poco mejor. Lamento que yo mismo no conozco mucho de mi propia historia. Sé que mis padres nacieron en Puerto Rico en la cordillera central de esta pequeña isla del Caribe. Mi madre era de un pueblito llamado Adjuntas y mi papa era del pueblito de Utuado. Estos dos pueblitos quedan a la par. Son pueblitos vecinos. Lamento que son muy pocas las veces que he visitado estos dos lugares. Me acuerdo que un día me encontré uno de mis tíos en uno de los restaurantes favoritos del pueblo donde yo me crie en Nueva York. Los dos llegamos allí para desayunar. No se sí fue en día de semana o en fin de semana pero sí sé que los dos nos sentamos juntos para platicar. Eso fue muchos años atrás, creo que fue en el 1991 por ahí. En ese pequeño restaurante, entre dos tazas de café, unas tostadas, tocino, papas, y unos huevos "over easy," el típico desayuno americano, comencé hacerle preguntas de mis ante pasados. Mientras él me hablaba, yo queriendo documentar minuciosamente todo lo que él me decía, agarré un cenicero de papel que había sobre la mesa, le di la vuelta y comencé escribir todo lo que él me decía. En ese día, no planeado aprendí el nombre de mis abuelos, y bisabuelos de parte de mi padre y madre. Pude trazar mi descendencia para fines de los años 1800's. Fue un día fascinante para mí. Corrí a mi casa que quedaba varias cuadras del restaurante y escribí los datos dentro de una Biblia que tenía un cuadro genealógico y allí documente lo que mi tío me había dicho. Preservo esa Biblia hasta el día de hoy y hace como dos años atrás le mostré el cuadro genealógico a mi hija menor. Mi tío me dijo que mi tatarabuelo de parte de mi abuela era de descendencia francés y que mi tatarabuelo de parte de uno de mis abuelos era descendiente de la Rusia. No tengo la habilidad de confirmar nada de esto solo que mi madre solía decir que su mama, "abuela querida" como le decíamos era de descendencia francesa. Es aquí donde quiero entrelazar aquella sita inesperada con mi tío con la historia de Lea. Fue allí que aprendí que uno de mis abuelos se había llamado, Miguel Antonio, y ese fue el nombre que mi madre le puso a uno de mis hermanos. Antes de regresar a Lea, me gustaría decir que; mi tío era un hombre brusco del campo y había sido veterano de la guerra de Vietnam. Cuando mi tío hablaba, siempre era en extremidades. Era el tipo de persona que tenía dos temperamentos, tranquilo o bien animado. Tenía la tendencia de entrar en argumentos para probar sus puntos. Una vez me regaló una vara de pescar alzando la voz como sí me estaba regañando. Aunque él era así, aprendí mucho de él. Fueron muchas veces que me llevaba pescar en su pequeño bote en el Long Island sound; y en esas pescas aprendí lo preciso que el sabía navegar en el mar aunque no se veía la tierra; y el no usaba instrumentos tecnológicos para fijar sus cuadrantes. Me dijo que lo había aprendido en el ejército.

Bueno, saquemos nuestras herramientas y sigamos excavando. Queda más por aprender sobre Lea. Ella había tenido un bisabuelo llamado Nacor. Sé que este nombre es conocido para nosotros, pero no es el mismo Nacor, que fue abuelo de Abraham. Para aclarar la historia, miremos lo que dice en Génesis; "Estas son las generaciones de Taré: Taré engendró a Abram, a Nacor y a Harán... (Génesis 11:27)." En otras palabras Tare, papa de Abraham le dio el mismo nombre a su hijo, que tenía su papa, así como lo hizo mi mama con uno de mis hermanos. En los tiempos bíblicos esto se practicaba, tal y como lo hacen hoy. Este Nacor tuvo un hijo que se llamaba Bethuel, y Bethuel fue el padre de Laban, quien fue padre de Lea. Es así que se vincula Lea con Abraham; su bisabuelo fue el hermano de Abraham. Si no tenemos cuidado por aquí, nos podemos perder en un enredo de nombres y se nos puede estancar nuestra expedición. Pero caminemos lento. Tengo la fe que vamos a llegar.

ABRAHAM ESCUCHO UNA VOZ EN SU ESPIRITU

Habían pasado dos generaciones desde que Abraham había escuchado una voz convincente en su espíritu que le dijo, "Vete de tu tierra, de entre tus parientes y de la casa de tu padre, a la tierra que yo te mostraré (Génesis 2:1)." Esta fue la misma voz que retumbó en el espíritu de uno de los descendientes de Abraham llamado Noé! Abraham ya había transitado muchos territorios y ahora ya difunto, su hijo, Isaac y sus dos nietos Esaú y Jacob estaban habitando en un lugar llamado Beerseba que quedaba a más de 600 kilómetros de Harán. Esaú y Jacob eran primos de Lea pero el poco contacto con estos primos distantes no permitía una relación de amenas. Tal vez había oído hablar de estos familiares pero eran más una leyenda para ella que una realidad.

Lejos estaba de la mente de esta joven, que a la distancia, muy lejos de su cuidad se estaban maquinando unas circunstancias en la vida de un joven llamado Jacob; quien algún día cruzaría caminos con ella. Saquemos aquí nuestro lente de aumento para analizar esta topografía un poco más. ¿Has escuchado algún día la historia de alguna pareja casada y como se conocieron? Estas historias son fascinantes y casi siempre son interesantes! Casi siempre las parejas nunca se imaginaban que se iban conocer pero durante el transcurso de sus vidas sus caminos se cruzaron y nació el interés el uno por el otro. Podemos decir que nació el amor, y esa semilla de amor se convirtió en un matrimonio. La próxima vez que tengas oportunidad pregúntale a una pareja casada, como se conocieron. Seguro te va interesar. Empieza por tus padres y sí puedes, luego pregúntale a tus abuelos. Tendrás un tesoro de historias que seguramente querrás compartir con tus hijos y si no con tus amigos. Estoy bien agradecido de mis hermanos mayores y parientes que compartieron conmigo las historias de mis padres y como ellos se conocieron. Atesoro estas historias en mi corazón hasta el día de hoy. Miremos la vida de Jacob por unos momentos para ver como la vida de este joven se entrelazó con la de Lea. Para esto tenemos que viajar hacia el sur a un pueblito llamado Beersheba, justamente al sur de Jerusalén. ¡No olvides tu pala que la vamos necesitar cuando lleguemos allí! ¿Será que tenemos que ir montado en camello?

UNAS SOPAS DE LENTEJAS

Todo comenzó una tarde cuando el joven Jacob comenzó hacer unas sopas de lentejas. Jacob era uno de esos jóvenes bien pegado a su madre y muchas veces la había visto cocinar. Esto sucede en muchos hogares, Jacob, siendo el hijo menor, fue el hijo preferido de su madre. No es que esto debe ser así; más adelante veremos como las preferencias entre los hijos llena el hogar de problemas que no son necesarios y deja cicatrices que duran toda una vida. Ojo, aquí padre de familia. Era una tarde típica. Jacob estaba envuelto en sus tareas domésticas, diarias, como de costumbre y su hermano mayor, Esaú, también estaba envuelto en las suyas. Había un gran contraste entre estos dos hermanos. Habían nacido en el mismo hogar, y aún eran gemelos, pero su naturaleza, personalidades, y disposición eran tan distantes y diferentes como lo es la distancia de la luna a la tierra. Tal vez este exagerando un poco, pero sus personalidades eran muy distintas. Esaú era un hombre brusco, del campo, le gustaba la aventura. En cambio Jacob era más de la casa, de las tiendas, y de las cosas domésticas. Tomemos aquí una pausa para reflexionar sobre nuestras propias vidas. ¿Tienes hermanos? Yo si los tengo, y todos somos diferentes. Lo único que tenemos en común son nuestros apellidos. A uno le gusta el comercio y las ventas, a otro la música, a otro las cosas mecánicas, es un experto arreglando motores de carro, a otro la carpintería y la construcción, a otra el cántico y la enseñanza, y a mí, como ya puedes ver, me gusta el estudio y el escribir, y tuve la audacia de escribir este pequeño libro. Espero que le esté gustando. ¿No es así con su familia? Aunque hayan nacido en el mismo hogar, las personalidades nunca son iguales. Pues, era así con la casa del patriarca Isaac; sus hijos eran diferentes. Bueno, regresemos a las sopas de lentejas.

Seguro aquellas lentejas las habría sembrado Jacob en su propio jardín. Era una comida típica que se come en el Medio Oriente hasta el día de hoy. Tal vez era su sopa favorita, un plato que tenía la destreza de cocinar. Me imagino que Jacob nunca pensó que cuando puso esas semillas en tierra para sembrar y cultivar aquellas lentejas estaba plantando las semillas que transformarían su destino. Es así la vida. Las decisiones pequeñas que tomamos en la vida nos llevan a otras cosas de mayores consecuencias. Si seguimos desenterrando esta historia nos daremos cuenta que hay decisiones en la vida que son incontrovertibles y no las podemos retractar.

Esaú, también estaba envuelto en su quehacer. Estaba en el campo intentando casar algún animal silvestre para hacer la cena del día. Se había esforzado todo el día y regreso a la casa cansado. Parece que no había casado nada aquel día. Cuando llego, su hermano Jacob estaba haciendo aquellas sopas fatales que soltaban su aroma en la distancia y capturo la imaginación de Esaú. La tentación era irresistible para Esaú. Acercándose a Jacob le dijo, "Te ruego que me des de comer de eso rojo que estas cocinando, pues estoy muy cansado (Génesis 25:30)." Es aquí donde la naturaleza de Jacob se reflejó tomando ventaja de este momento de debilidad en su hermano y le dijo, "véndeme la primogenitura, ¡hoy mismo!" Es pavoroso cuando pensamos en la audacia de Jacob. Estaba usando de su astucia para usurpar la primogenitura de su hermano mayor. Es fácil reprender a Esaú por haber rechazado su primogenitura, sin embargo ambos estaban en lo malo. Ambos estaban en lo incorrecto. Uno por sembrar semillas de discordia usurpando le la primogenitura al otro y el otro por despreciarla. Miremos más a fondo está piedra. Acerquémonos para mirar la sutileza de la verdad que en ella encontramos.

Rebecca había estado embarazada con estos gemelos en su vientre. El movimiento en su útero era mayor de lo normal. Esto la llevo a cuestionar que pasaba dentro de su vientre. Observemos lo que dice la Escritura: "Y los hijos se combatían dentro de ella; y dijo: Si es así ¿para qué vivo yo? Y fue a consultar a Jehová (Génesis 25:22)." La pelea interna de estos dos mellizos era tan intensa que la llevo a la oración. Era algo extraordinario y fuera de los límites de la normalidad. La Biblia dice que Dios le respondió y le dijo, "Dos gentes hay en tu seno, y dos pueblos serán divididos desde tus entrañas: y el un pueblo será más fuerte que el otro pueblo, y el mayor servirá al menor (Génesis 25:23)." Dios aclaro que había dos naciones desarrollándose en ella y que el mayor le serviría al menor. Era cosa de destino, ya Dios había declarado que el mayor le iba servir al menor. Cuando analizamos los sucesos de cerca Jacob no tenía por qué estar montando trampas para obtener la primogenitura; ya Dios había declarado que el mayor iba servir el menor. Esta trampa de Jacob inició unos sucesos que le llevo a la enemistad con su hermano y quebró cualquier relación que había tenido con él.

El favoritismo de Rebecca tampoco ayudo en las relaciones de su familia. Lamentablemente tenemos que decir que la familia de don Isaac estaba dividida. Tenía una esposa traicionera, un hijo doméstico de poca virilidad que era un tramposo, otro hijo que siempre estaba metido en el campo con pocos valores, y para el colmo la preferencia de Isaac era por el menos espiritual y él estaba perdiendo la visión. Si seguimos metiendo nuestra pala aquí para sacar más tierra de la vida de este patriarca nos daremos cuenta que su familia no era perfecta. Gracias a Dios que El no necesita familias perfectas para trazar Su plan de redención para la humanidad. Sí fuese así, ninguna familia sería apta para ser una familia pastoral. La próxima vez que observe el desorden en la casa de su pastor vuelva leer la historia de Isaac en la Biblia. Su familia tampoco era perfecta. La gracia de Dios supera nuestras imperfecciones. Bueno, basta ya con esto, vamos a ver lo que llevo Jacob a Harán para conocer a Lea.

UN ANCIANO INTENTA BENDECIR SU HIJO

Isaac ya era un anciano. Había vivido una vida bendecida y ya podía detectar que no le quedaban muchos días por vivir. Incluso ya estaba perdiendo la vista. Preocupado por esto llamo su hijo mayor Esaú y le dijo, "...mira, yo soy viejo y no sé el día de mi muerte. Ahora pues, te ruego, toma tu equipo, tu aljaba y tu arco, sal al campo y tráeme caza; y prepárame un buen guisado como a mí me gusta, y tráemelo para que yo coma, y que mi alma te bendiga antes que yo muera. (Génesis 27:2-4)." En otras palabras, Isaac sabía que no le quedaba mucho tiempo. Él quería comer uno de esos buenos guisados que su hijo favorito le solía hacer y bendecirle. Era un momento especial. Este era el día en que Esaú sería encargado con la responsabilidad sobre todos los bienes y pertenencias de su padre. Aquel día descansaría sobre sus hombros el gran peso de ser el administrador y mayordomo de todo lo que su padre había adquirido en la vida. El cetro de mando sería entregado en sus manos. Pero, no muy lejos de la tienda estaba Rebecca la mujer de Isaac. Escuchando el plan de su marido intervino rápidamente y armo su propio complot.

Mientras Esaú salió al campo a cazar Rebecca rápidamente llamo su hijo preferido y le dijo, "Ve ahora al rebaño y tráeme de allí dos de los mejores cabritos de las cabras, y yo prepararé con ellos un buen guisado para tu padre como a él le gusta (Génesis 27:9)" Rebecca era una de esas mujeres atrevidas del campo que no temía trabajar con sus manos. Tomó aquellos dos cabritos, los mato, y comenzó hacer aquella cena para traicionar su propio marido. A estas alturas Jacob, su hijo menor entro en acuerdo con ella. Se dio cuenta que era de piel suave y no como su hermano. Le dijo a su madre, "He aquí, Esaú mi hermano es hombre velludo y yo soy lampiño (Génesis 27:11)..." No vemos ningún tipo de resistencia en Jacob. En otras palabras le estaba diciendo a su madre, "mami ¿cómo podemos armar esta trampa mejor para que no me cojan?" Estaba diciendo, "me gusta tu idea, estoy de acuerdo, pero tenemos que buscar la manera de engañar a papi sin que él nos sorprenda." Es demasiado triste lo que estamos descubriendo aquí; que dentro de la casa de unos de nuestros patriarcas más admirados había discordia, engaños, tracción, falsedad, y falta de unión.

Rebecca era demasiada de astuta y recién había pelado aquellos cabritos inocentes, y había guardado la piel por allí en algún lugar de la cocina y la historia dice que, "le puso las pieles de los cabritos sobre las manos y sobre la parte lampiña del cuello (Génesis 27:16)."

Rebecca era una mujer de astucia; conocía muy bien las personas que vivían en su hogar. Las madres tienen esta particularidad, que se fijan en los detalles de cada personalidad que viven en la casa. Tienen una habilidad perspicaz cuando se trata de estas cosas. Sin embargo, en vez de usar este conocimiento para bien lo uso para traicionar a su propio marido y traer división a su casa. Madre, bien dijo el que escribió los proverbios cuando dijo, "La mujer sabia edifica su casa, pero la necia con sus manos la derriba (Proverbios 14:1)." El trabajo de Rebecca era edificar su casa, ¡pero con sus propias manos estaba derribando su hogar! Vistió su hijo de impostor, le puso la ropa de Esaú, y lo envió en presencia del anciano Isaac para engañarle. Fue un día fatal que cambiaría el destino de Jacob y esta familia para siempre. Debido a la gravedad de la traición, Jacob sé encontró como fugitivo, huyéndole a su hermano corriendo hacia las tierras que quedaban en el norte, a Mesopotamia, a Ur, a Padan aram, a un pueblito llamado Harán; nunca jamás volvería ver su madre quien concibió la idea de enemistad de engañar su propio padre, pisoteando la identidad de su propio hermano Esaú. Esta familia nunca sería igual para el resto de sus días. Llevemos en los bolsillos del corazón la gran enseñanza que hemos aprendido aquí. Tenemos que luchar por conservar las buenas relaciones entre familia. Bueno, sigamos a Jacob en esta jornada sobria, solemne, y de desesperación para poder apreciar toda la gama de lo que estaba pasando en la vida de este joven. Ya la brújula de su vida le llevaría a tierras muy lejos donde Beerseba, la tierra de su infancia y crianza se convertiría en una memoria muy distante.

UNA LARGA JORNADA

La jornada de Jacob no fue fácil. Él se estaba lanzando a tierras desconocidas. Tenía que pasar por rutas peligrosas, lugares por donde había caminado su abuelo Abraham y su pariente Lot. Temía por su vida por la venganza de Esaú, y en un sueño donde tuvo una visión de una escalera con ángeles bajando y ascendiendo al cielo hizo un pacto con Dios. Estas fueron las palabras de su voto, "Si Dios está conmigo y me guarda en este camino en

que voy, y me da alimento para comer y ropa para vestir, y vuelvo sano y
salvo a casa de mi padre, entonces el SEÑOR será mi Dios. Y esta piedra que
he puesto por señal será casa de Dios; y de todo lo que me des, te daré el
diezmo (Génesis 28:20-22)." En este voto Jacob pidió por la protección de
Dios. Pidió también por las necesidades básicas de la vida, comida, calzado, y
la esperanza de algún día volver a ver su padre. Fue allí donde el prometió
darle el diezmo a Dios sí Dios le daría estas cuatro cosas: protección, comida,
ropa, y la esperanza de algún día volver a ver su padre. Seguramente se
condolía por haber traicionado su padre. Llegando a Harán empezaría ver la
provisión de Dios pero se daría cuenta que aunque Dios provea, Él no iba
prevenir que Jacob cosechara lo que había sembrado. En el antiguo libro de
Job encontramos el siguiente texto, "Por lo que yo he visto, los que aran
iniquidad y los que siembran aflicción, eso siegan (Job 4:8)." Jacob no se
podía escapar de la responsabilidad por las cosas que había hecho. San
Pablo lo describió de esta manera, "No os dejéis engañar, de Dios nadie se
burla; pues todo lo que el hombre siembre, eso también segará (Gálatas 6:7)."
Amigo que me sigues en esta jornada. Esta es una enseñanza que debemos
aprender lo antes posible. Nada de lo que hacemos está oculto delante de
Dios. Sí sembramos amargura en la vida de otros, eso mismo cosecharemos
en la nuestra. La vida tiene una manera de hacernos pagar. A veces nos
cuesta caro así como le costó en la vida de Jacob. Observemos:

Llego Jacob a Harán y como era la costumbre de los viajeros de aquella era,
llego al pozo público de la ciudad. Los pozos eran lugares públicos donde
solía aglomerarse la gente de la ciudad. Pudiéramos decir que donde estaba
el pozo era semejante a lo que es una plaza pública de un pequeño pueblo.
Las eras eran igual. Era un sitio donde se llevaba el trigo para separar el
grano de la paja. En los tiempos bíblicos estos tipos de lugares se
consideraban públicos donde la gente se congregaba para socializar mientras
cumplían con la labor doméstica de sacar agua. Por su puesto era el lugar
propició llegar al introducirse a cualquier ciudad. Era allí donde se indagaría e
intercambiaba información, especialmente sí uno estaba buscando algún
pariente.

Al llegar al pozo Jacob demostró del tipo de carácter que era él. Mostró que
era hombre industrioso que era útil y dispuesto para ayudar. Era importante
dar buena primera impresión; pues no sería bueno dar la impresión de ser
haragán siendo nuevo en aquel pueblo. Cuando se enteró que en aquel
momento venía Raquel, hija de su tío Laban; "...subió y quitó la piedra de la
boca del pozo, y dio de beber al rebaño de Labán, hermano de su madre
(Génesis 29:10)" Era como sí Dios hubiera coordinado los eventos con
precisión para que cuando Jacob llegará se encontrará con Rebecca! Cuando
la vio en aquel lugar la abrazo y lloro. La jornada había sido larga. Era una

ruta de largos caminos, muchos sacrificios, y muchas noches. Ya su viaje por caminos desconocidos llego a su conclusión. Había encontrado un distante pariente y esto le sirvió de aliciente, "Jacob besó a Raquel, y alzó su voz y lloró (Génesis 29:11)." Fue bien recibido en aquel lugar. Laban le acepto como un hijo; le dijo, "Ciertamente tú eres hueso mío y carne mía. Y Jacob se quedó con él todo un mes (Génesis 29:14)."

Luego de haberse quedado con su tío Laban por un mes, Laban le hizo una propuesta que le pareció bien a Jacob. Le dijo, "¿Acaso porque eres mi pariente has de servirme de balde? Hazme saber cuál será tu salario (Génesis 29:15)." Fue aquí donde Jacob pensó que se iba aprovechar de la oferta. Laban tenía dos hijas. Aquí amigo es donde por primera vez se introdujo Lea al destino de Jacob. Una de ellas era más bonita que la otra. Da pena tener que admitirlo, pero aún el autor de la historia usó un eufemismo para describir esta joven llamada Lea. Se dice que, "...los ojos de Lea eran delicados, pero Raquel (su hermanita menor) era de bella figura y de hermoso parecer (Génesis 29:17)." Dígame a mi estimado jornalero, ¿a quién escogería usted? No me vengas con altruismo o palabras de nobleza que hay que considerar la belleza interior y la personalidad, etc... Jacob lo que miró fue de lo de afuera. Se aprovechó y pidió la mano de Raquel. Jacob le dijo a su tío, "Te serviré siete años por Raquel, tu hija menor (Génesis 29:19)." Estuvo Laban de acuerdo y le dijo, "Mejor es dártela a ti que dársela a otro hombre; quédate conmigo (Génesis 29:19)." Así quedo el trato hecho y los años se fueron como una guiña porque Jacob estaba enamorado de Raquel.

Seguro que a través del campo corrían los rumores que Jacob estaba enamorado de Raquel. Sin dudas los susurros de las conversaciones femeninas y de los jóvenes de Harán sabían que Raquel era la prometida de Jacob y que en siete años se iban a casar. Los rumores de esta boda estaban en el aire y seguro que no era ningún secreto para Lea. Sólo era cuestión de tiempo. Esa boda ya era una seguridad. Iba suceder.

Por más que excavemos y pasemos la tierra por la maya, no podemos encontrar que Lea tenía algún prometido como Raquel. Por más que acerquemos el oído a la tierra de la historia Bíblica, no se oye ni a la distancia el timbre de alguna campanita de boda para Lea. En cuanto está esperanza el pronóstico del tiempo era lluvias, lluvias, lluvias, y más lluvias. Ese día soleado no estaba por aparecer tras las gruesas nubes. El único que podía cambiar el pronóstico del tiempo para su vida era su padre Laban. Siendo que Laban era hombre de negocio, su astucia le sirvió para engañar a Jacob. Es aquí donde Jacob estaba por probar de su propia medicina.

EL QUE TRAICIONA ES TRACIONADO

Esa mañana se estaba vistiendo Jacob de blanco. Se le llego su día para recibir a Raquel como su mujer. Era un banquete apto para celebrar las bodas de los hijos de un noble como lo era Laban. Todo lo fino estaba listo y no faltaba de todo lo suculento y exquisito de un menú perso-Mediterráneo. Tampoco faltaban las bebidas. Es posible que hasta su plato favorito de lentejas estuviera allí. "Labán reunió a todos los hombres del lugar, e hizo un banquete (Génesis 29:22)." Pero al anochecer Laban le montó la trampa a Jacob; "Y sucedió que al anochecer tomó a su hija Lea y se la trajo, y Jacob se llegó a ella (Génesis 29:23)." No sabemos cómo Laban lo logro pero le engañó y le saco siete años más de ardua labor a Jacob.

La vida de Lea como la vida de muchas mujeres de aquel entonces giraba alrededor de la vida de la figura masculina, quien en su caso fue Jacob. Ella como muchas mujeres de sus días no tenía voz ni voto para muchas cosas de su vida, incluyendo el tópico del matrimonio. No tenía la libertad de elegir con quién se iba casar. En cierto modo ella fue víctima; fue obligada casarse con un hombre que no tenía interés en ella. Las mujeres de aquel entonces eran como una especie de propiedad. Es aquí donde podemos comenzar a ver la angustia que se comenzó desarrollar en ella.

Para poder apreciar y llegar al epicentro de las frustraciones de Lea tenemos que caminar por estas regiones de las Escrituras de una manera muy lenta. Tenemos que pensar en esos ochenta y cuatro meses que componían los siete años de los cuales trabajaría Jacob por Raquel. Imagínate estando en los zapatos de Lea. Eres forzada casarte con un hombre que no tiene interés en ti, inicia la rivalidad con tu propia hermana y cada segundo, día, semana, mes, año; te acercas más a la realidad que no eres amada porque el marido que tienes está cumpliendo con un voto y trato para luego entrar en matrimonio con tu propia hermana. Es un pensamiento solemne el saber que no eres amada ni por tu propio marido y nada hay que puedes hacer. Tal vez aquí hay una enseñanza para nosotros. Nos vemos obligados aceptar la realidad que no podemos obligar alguien que nos ame. Es asunto del corazón y a veces no podemos suscitar el sentido de amor en otra persona hacia nosotros. Los factores varían entre la vista, lo auricular, el tacto, los sentidos, y muchos más. A veces simplemente no somos compatibles. Además en el caso de Jacob Lea era representante de un engaño y una obligación para él. Él también fue obligado estar en nupcias con ella. No la amaba. Si para Jacob aquellos primeros siete años no le pesaron porque amaba a Raquel entonces estos próximos siete años también serían igualmente superados. Paciencia demás había y no iba rendir su amor hacia Lea pues era algo que consideraría de segunda clase. Estaba resuelto. No la iba amar.

UNA MUJER DESESPERADA POR SER AMADA

Jacob no iba amar a Lea y ella lo sabía. Sin embargo parece que las relaciones sexuales entre ambos eran frecuentes. No conocemos del todo la sicología que había detrás estas relaciones sexuales. Para Jacob, Lea posiblemente, era solo un objeto de placer, o un medio por la cual satisfacerse en esta área carnal de su vida. En ella el consumía su apetito sexual pero no quiere decir que el la amaba. Tal vez encontremos aquí otra enseñanza para la vida: el tener relaciones sexuales con otra persona no garantiza que hay un amor genuino allí y ni las relaciones sexuales son un medio por la cual suscitar el amor en alguien hacia ti; aunque las relaciones sexuales funcionen y se supone que desarrollen una intimidad. Puede ser tan solo una manifestación erótica enraizada en la lascivia. Creo que estamos excavando muy hondo aquí. Bueno, regresemos a un análisis introspectivo de la mente de Lea.

Sin echar a un lado la obra divina que estaba trabajando en el trasfondo de estos protagonistas hay amplia vista a la mente y pensamientos de Lea cuando conocemos los nombres que ella le dio a cada uno de sus hijos. A su primer hijo llamo, "Rubén, pues dijo: Por cuanto el SEÑOR ha visto mi aflicción, sin duda ahora mi marido me amará (Génesis 29:32)." Ella pensó que al tener este primer hijo, esto produciría en Jacob aquel amor que ella tanto buscaba. Lea percibía que Dios había visto su depresión, miseria, y prueba y la había hecho fértil. Precisamente eso era cierto; y por tanto pensó ella que Jacob tendría afecto y deseo por ella. Pero, aparentemente así no resulto.

He escuchado la idea que hay mujeres que piensan que por tener relaciones con un hombre e incluso tener su bebe, es la clave para asegurar su amor, y afecto hacia ella. En este mundo moderno donde 40 por ciento de los niños que nacen en los Estados Unidos nacen fuera del matrimonio, revela que pensar así es un mito. La historia de Lea transcurre casi 3,500 años antes de Cristo y sí está idea no era cierto en aquel entonces, tampoco lo es en la nuestra. Lo cierto es que Jacob no amaba a Lea, por tanto ella tuvo otro hijo con él.

El nombre Rubén quiere decir, "¡he aquí un varón!" Pero eso no capto el corazón de Jacob.

Lea seguía intentando y tuvo su segundo hijo; "...y dijo: Por cuanto el SEÑOR ha oído que soy aborrecida, me ha dado también este hijo. Así que le puso por nombre Simeón (Génesis 29:33)." Estos nombres que Lea le pone a cada hijo son como los lentes de un telescopio que nos deja ver con más agudeza aún, como se sentía Lea. El nombre Simeón quiere decir, escuchar; en otras palabras ella pensaba que el nacimiento de Simeón era una respuesta a su oración y que Dios había oído que ella era aborrecida. Nos muestra que Jacob la odiaba! Te puedes imaginar tener que pasar la vida con una persona que te aborrece? Jacob la despreciaba y no había nada que Lea podía hacer para cambiar el corazón de su marido. Jacob no era feliz y por otro ángulo observamos que estaba viviendo dentro de las consecuencias de algo que había hecho cuando era más joven; traicionar su propio hermano y padre. La angustia que había causado en Esaú, y en su familia, le seguía y quedaba como mancha indeleble en el estado emocional de su matrimonio con Lea. Las lecciones de la vida nos cuesta aprenderlas a veces.

Si hay algo que podemos observar con admiración en Lea es su persistencia. Ella tuvo otro hijo aún con Jacob. ¿Qué harías tu amigo? A lo mejor hay una enseñanza para ti y para mi aquí: ¿qué harías sí las cosas en tu matrimonio se asemejarían a las de Lea? ¿Estas amargo, angustiado, afligido, deprimido y miserable? ¿Estás pasando la prueba; te darías por vencido? ¿Dejarías que tu matrimonio se quebrará? ¿Aceptarías el divorcio como alternativa? ¿Buscarías la felicidad en otro? Lea lucho por su matrimonio. No se dio por vencida; "Concibió otra vez y dio a luz un hijo, y dijo: Ahora esta vez mi marido se apegará a mí, porque le he dado tres hijos. Así que le puso por nombre Leví (Génesis 29:34)." ¡Esta vez estaba segura, pensaba ella! Entre sí ella decía, "esta vez se apegará a mí; pues le he dado tres hijos varones!" Ella le trajo progenitores, linaje, aquellos que iban construir el nombre de la familia. A través de estos tres hijos Jacob tenía seguridad y descendencia; "esta vez se pegará a mí," pensaba ella.

Que equivocada estaba Lea. El nombre Levi significa, "estar conectado," pero ni este hijo sirvió de soga para crear los enlaces emocionales que Lea deseaba tener con el hombre contratado vivir con ella para el resto de su vida. Amigo, permítame hacerle una pregunta personal. Tú y yo hemos entrado en la vida personal de Lea y tal vez la estemos mirando desde esta perspectiva por primera vez. Seamos transparentes por un momento. ¿Cuantas veces te has encontrado inseguro de ti mismo? ¿Te has encontrado alguna vez tratando de captar el favor de los demás a tal nivel que estés dispuesto perder tu identidad con tal que le caigas bien a los demás? ¿Te has encontrado comprometiendo tu propia dignidad e integridad para acomodarte entre tus semejantes? Te puedo confesar que yo lo he hecho múltiples veces y cada vez que lo he hecho sólo ha servido para socavar mi carácter. Dentro de cada uno de nosotros hay un niño, si así es que lo podemos describir y ese niño clama; ¡acéptame!; ¡ama me!; ¡dame validez!; ¡dime que soy significante! En la soledad de nuestros pensamientos tendríamos que admitir que el ser humano haría cualquier cosa con ser aceptado y tener un sentido de valía entre sus semejantes. Cada uno de nosotros aspiramos ser deseados por los demás como persona útil y de valor.

Si no estás de acuerdo conmigo pregúntale al drogadicto; que le llevo usar drogas. O pregúntale aquella jovencita que se entregó al sinvergüenza que la embarazo y luego ya ni se ve el rostro después de haberle hecho tantas promesas. Si no crees aún, pregúntale al ejecutivo que trabaja largas horas en su oficina tratando alcanzar el próximo nivel de prestigio en su organización y en el proceso ha abandonado su familia. El dinero no puede reemplazar el tiempo que perdió sin su mujer y sus hijos. Los años no paran y ellos siguen creciendo. El mito del tiempo de calidad con ellos es traicionero; pues los fines de semana se van muy rápidos. O, que tal el pastor que ha dado toda su vida al ministerio porque de allí saca un nivel de identidad que le hace sentir realizado y de allí saca su sentido de importancia. Le gusta sentir que la gente lo necesita y que lo estiman. Como pastor no niego que la tentación de los ministros en estos días es querer ser una celebridad! El ministerio está lleno de narcisismo. Estamos luchando como lea dando a luz intentó tras intento por ser aceptados en un mundo que no nos puede amar; pues sí todo ser humano se desenmascara nos daríamos cuenta que todos estamos tras la misma cosa; "Mira lo que tengo; soy importante porque tengo grados, posesiones, finanzas;" y no nos damos cuenta que estas cosas solo son hijos que estamos pariendo como intento de sentirnos significantes y deseados. Esto deseaba Lea, ser deseada.

Bueno, regresemos a Lea. No quiero que nuestra transparencia nos haga incómodo. Regresemos a la formalidad. Lo que estamos por descubrir en la vida de Lea es algo transformador. Observemos con cuidado. Como sí Lea no hubiese aprendido su lección, tuvo otro hijo con Jacob. Rubén, Simeón, y Leví eran preciosos varones, niños jóvenes que se iban criando pero en cierto modo eran una evidencia viva que Lea tenía un marido que no la amaba. Eran preciosos pero eran como humo en sus ojos de un matrimonio sin amor. Esto lo hemos vivido en carne muchas veces. Puede ser que usted sea el hijo de un padre que no vive con tu madre. Tú eres el recuerdo del error que se cometió en el pasado. Tal vez nunca te lo han dicho pero la manera en que te han tratado muestra que has sido marginado, y privado del afecto puro de dos padres que te aman incondicionalmente. Es una realidad cruda que muchos han tenido que vivir. Espero que esto no sea una realidad, pero aún esto es superable.

Lea logro superar el rechazo. Después de haber vivido por la angustia, la depresión, y la prueba de ser aborrecida. De algún lugar llego el optimismo y llenó su alma. Ella no podía cambiar su pasado y ella no podía cambiar su apariencia. No nació atractiva, pues Dios la creo así. No nació con los genes perfectos que harían de ella una dama deseable. Ella no podía regresar a ese día traumático cuando fue obligada contraer matrimonio con Jacob. Pues, ¿que podía hacer ella? No podía rebelarse contra la autoridad de su padre. Fue forzada vivir en una situación fuerte. ¿Será que hay veces en la vida que somos víctimas de fuerzas fuera de nuestro control que nos han puesto vivir en circunstancias difíciles? ¡Claro que sí! ¡No escogimos el mundo en que nacemos! No tenemos opción de elegir nuestro género, nuestra etnia, las enfermedades programadas en nuestros genes, nuestro coeficiente de inteligencia, el país ni el tiempo en que nacimos. Son tantas las cosas que no hemos elegido que han dado color y definición a las circunstancias en que vivimos. No elegimos nuestros padres ni el nivel socioeconómico en el cual hemos nacido, ni el color de nuestros ojos o pelo, ni la fecha de nuestro nacimiento. Tampoco hemos elegido la educación religiosa que nos han dado o no dado nuestros padres. Creo que está es una realidad que tenemos que aceptar. A veces tenemos que volver a ponerle un marco a nuestro pasado y mirarlo como si fueran momentos frisados en el tiempo y tratar de darle referencia dentro de su contexto. Lo debemos de mirar, no para usarlo como excusa para insistir en el retraso sino para tratar de entenderlos y darle mejor interpretación a nuestro presente. No podemos cambiar lo que sucedió en nuestro pasado. Sólo podemos ponerlo en un nuevo marco de referencia e intentar mirarlo desde otro punto de vista. Es un ejercicio que nos ayuda salirnos de nuestro pasado y comprender que somos responsables por lo que hacemos en el presente. Tú haces tu vida hoy! Años a tras alguien me dijo, "el futuro es lo que tú haces hoy!" Basta ya con el lamento y el remordiendo! Comienza hoy hacer algo productivo, positivo, y provechoso y verás cómo las cosas cambian. Comienza con pasos pequeños y alcanzables pero comienza moverte en la dirección correcta. Sueña en grande pero tome los pasos prácticos que tienes que tomar. Resista a todo costo usar como excusa sus circunstancias duras del presente para no hacer nada y paralizarte. Lea sabía lo que era sufrir pero tuvo que tomar su sufrimiento y meterlo en el pasado. ¡Tenía que darle una nueva perspectiva a su vida y lo hizo!

"Concibió una vez más y dio a luz un hijo, y dijo: Esta vez alabaré al SEÑOR; así que le puso por nombre Judá; y dejó de dar a luz (Génesis 29:35)." El nombre Judá quiere decir, "¡celebrare!" Usted y yo tenemos que hacer lo mismo! Por lo que veo hay un poco de Lea en cada uno de nosotros. Todos tenemos cosas del pasado que nos han retrasado. Aquella carrera que nunca terminaste, aquella novia que dejaste, la oportunidad que dejaste pasar. Hay cosas que hemos hecho que nos han traído dificultad. Pero, ahora nos encontramos donde estamos y tenemos una decisión que tomar. ¿Cómofd vivirás el resto de tu vida? ¿Vivirá con excusas o vivirás con responsabilidad?

Lea opto por el camino positivo. Decidió que dentro de su dificultad iba alabar a su Dios. Extendió sus manos y comenzó alabar a su Dios! Adoro su Dios con reverencia, confeso, y dio gracias. Es interesante que la palabra "alabar" en este texto es "Yadah" en hebreo y uno de sus significados es lanzar o tirar con la mano. A veces tenemos que tirar las experiencias amargas del pasado y lanzarlas al olvido. Parece que esto fue lo que hizo Lea y por un tiempo, como dice el texto, dejo de dar a luz.

A partir de este momento Lea dejo de ser la misma persona. Quedo transformada. Encontró su satisfacción en algo mayor que el amor de Jacob. Encontró su gozo y satisfacción en Jehová. Amigo, usted y yo tenemos que aprender hacer igual.

Es interesante que Lea dio a luz a otros hijos después de tener a Judá. Pero los nombres que le dio enseñan que ella ya no era la misma mujer! Tuvo los siguientes hijos: Gad, Aser, Isacar, Zabulon, y su única hija Dinah. En su secuencia el nombre de estos hijos significa: afortunada, bienaventurada, recompensa, favorecida, y por fin el nombre de su hija significa justicia! Lea ya no era la misma mujer, ya la amargura pasó a cosa del olvido.

Que tal amigo, antes de terminar esta expedición de arqueología bíblica, antes de regresar al túnel del tiempo que nos devolverá al presente, no nos podemos salir de aquí sin preguntarnos, ¿cómo se correlaciona esta historia a mí? Ya hemos tocado muchos puntos que son relevantes a nuestras vidas. No podemos quedarnos congelados en un pasado que nos paraliza cuando hay un gran futuro de esperanza por vivir. La historia de Lea nos enseña que lo mejor está por venir. ¿Sabes qué?: Cuándo sacamos nuestros binoculares y repasamos el horizonte del resto de su historia, Lea nunca logro que Jacob la amara mientras ella vivió.

Antes de morir el patriarca Jacob, dijo algo en sus últimas palabras que son sorprendentes; "Todas estas son las doce tribus de Israel, y esto es lo que les dijo su padre (Jacob) cuando los bendijo. A cada uno lo bendijo con la bendición que le correspondía. Después les ordenó y les dijo: Voy a ser reunido a mi pueblo; sepultadme con mis padres en la cueva que está en el campo de Efrón hitita, en la cueva que está en el campo de Macpela, que está frente a Mamre, en la tierra de Canaán, la cual Abraham compró juntamente con el campo de Efrón hitita, para posesión de una sepultura. Allí sepultaron a Abraham y a su mujer Sara; allí sepultaron a Isaac y a su mujer Rebeca, y allí sepulté yo a Lea (Génesis 49:29-31)." ¿Amigo, captaste esto? Jacob, a pesar de no haber amado a Lea mientras ella vivió, pidió ser enterrado, ¡a su lado! ¡Piensa en esto! Raquel, la mujer de sus sueños quien el prefería en vida fue enterrada en otro lugar (2). Pero Lea fue honrada y fue enterrada al lado de

Abraham, Sara, Isaac, Rebecca, y ahora Jacob escogió ser enterrado a su lado. Quizás era tarde para decirle que la amaba, que la apreciaba, que estaba agradecido de ella por haberle dado nueve hijos. Lo único que podía hacer Jacob fue darle el honor de las otras matriarcas Sara, y Rebecca. Amigo, yo no sé si usted es cristiano y crees en la resurrección. Pero, al sonar de la trompeta, cuando los muertos en Cristo resuciten, Lea será levantada junto con Abraham, Sara, Isaac, Rebecca, y Jacob! Que sorpresa será para ella encontrarse al lado del hombre quien tanto quiso que la amara en vida.

Que historia fascinante! La joven Lea del pequeño pueblo de Harán, que quedaba en Padan-aram de Mesopotamia, despreciada, marginada, vino ser honrada y bendecida. Ahora miremos por un momento a través del telescopio que nos ayuda mirar hacia el futuro. Pon tu ojo aquí. Casi tres mil años después del nacimiento de su hijo Judá, nació uno quien fue su descendiente y su nombre es Jesús nuestro Salvador (Mateo 1:3). Ella no se podía imaginar que ella, la jovencita con los ojos débiles sería parte del linaje de nuestro Salvador. Además las Escrituras dicen, y para esto, necesitamos usar el telescopio de la fe que trasciende esta historia y llega hasta la eternidad; donde escribió el anciano Juan, "Y me llevó en el Espíritu a un monte grande y alto, y me mostró la ciudad santa, Jerusalén, que descendía del cielo, de Dios, y tenía la gloria de Dios. Su fulgor era semejante al de una piedra muy preciosa, como una piedra de jaspe cristalino. Tenía un muro grande y alto con doce puertas, y en las puertas doce ángeles; y en ellas había nombres escritos, que son los de las doce tribus de los hijos de Israel (Apocalipsis 21:10-12)." Amigo, en la eternidad ¡yo me acordare de Lea! Como me olvidare de ella, si hay ocho puertas en la santa ciudad celestial que ¡llevan los nombres de sus hijos! ¡Rubén, Simeón, Levi, Judá, Gad, Aser, Isacar, y Zabulon! Además estas puertas son hechas de perla entera como escribió el anciano, "¡Las doce puertas eran doce perlas; cada una de las puertas era de una sola perla; y la calle de la ciudad era de oro puro, como cristal transparente (Apocalipsis 21:21)!" En la eternidad, cada vez que caminemos por una de esas puertas nos acordaremos de la fidelidad de Dios hacia una joven que aprendió adorar a Dios a pesar de su agonía, desesperación, desprecio, y prueba. Retumbara perpetuamente en nuestra memoria las palabras, "esta vez alabare a Jehová!" Sí es que Dios me da el permiso, cuando llegue al cielo una de las muchas cosas que pienso tener en mi agenda es, saludar a Lea. Le daré un abrazo, tal vez llorare, y le daré las gracias por enseñarme como alabar y adorar a mi Dios a pesar de mis pruebas y dificultades. Le diré, "¡Gracias Lea!"

REGRESANDO A LA REALIDAD

Amigo, ya hemos llegado al final de nuestra expedición juntos. Llego el momento de separarnos. Siento que eres mi amigo y que siempre nos acordaremos de haber tomado esta jornada juntos. Aquí dejaremos esta historia. Dejaremos Harán hacia atrás y ya tenemos que regresar a la realidad de nuestras vidas. Tenemos que regresar a la realidad del presente. Tenemos una decisión que tomar. ¿Cómo viviremos ahora? ¿Qué haremos con todas aquellas cosas que nos hacen víctima y no podemos cambiar? ¿Qué haremos con todas esas cosas que nos han servido de desventaja en la vida? Estamos por regresar, y al regresar tendremos que hacerle frente a lo que no podemos cambiar. Usted y yo tenemos que aceptar que hay mucho que no vamos poder controlar y cambiar. Sin embargo no tenemos que regresar sin esperanza. Cuando nos encontramos víctima de circunstancias que no podemos cambiar y de las cuales no tenemos ningún control nos acordamos que sí hay algo que todavía está bajo nuestro control y eso es nuestra actitud.

Amigo al lanzarnos y volver entrar a nuestra vida cotidiana porque no declaras conmigo en voz alta, "esta vez alabare a Jehová!" Hasta la próxima mi amigo, y por si acaso, no olvides tu pala, pues la va necesitar para su próxima expedición! Dios te bendiga y hasta luego.

1. Para conocer más sobre el linaje de Sem lea el capítulo 11 de Génesis
2. Génesis 35:19

CAPÍTULO 4

REBECA – UNA MUJER VIRTUOSA QUE ARRUINO SU HOGAR

CAPÍTULO 4

REBECA - UNA MUJER VIRTUOSA QUE ARRUINO SU HOGAR

El título de esta pequeña cartilla puede ser que nos mueva abrir los ojos un poquito más grande de lo normal. Puede ser que nos mueva ejercer los músculos de nuestra frente mientras se arruga la piel de nuestro rostro haciendo dos arcos con nuestras cejas; mientras abrimos nuestros ojos expresando nuestra sorpresa. Asociar el nombre de Rebecca con la destrucción de su hogar tiende caernos mal, pero mientras analizamos la historia de su vida nos daremos cuenta que detrás del tumulto que se experimentó en su hogar estaban las huellas digitales de sus propias manos. Nos acercaremos a esta historia como investigadores; detectives buscando prueba tras prueba, destello, tras destello, vislumbre, tras vislumbre que demostrará con toda claridad que ella era culpable de iniciar una cadena de eventos que trajo gran dolor a su hogar. Una de las grandes ironías de la vida, es que aveces, aquellas cosas que más amamos, son las mismas cosas que más arruinamos. Por no saberlo manejar, lo arruinamos con nuestras palabras, actitudes, y acciones, y sin darnos cuenta hemos puesto a correr una cadena de movimientos difíciles de retractar que hunde más y más nuestros hogares, y nuestras relaciones importantes, y nuestras vidas en abismos de dolor que no hubiesen sido necesarios sí nuestro egocentrismo se hubiese conformado con la sencillez y una mayor confianza en Dios.

UNA JOVEN VIRTUOSA
Era una joven estelar. De lo que podemos observar era una de esas jóvenes industriosas que hace de sus padres personas orgullosas. Estoy seguro que usted ha visto los "bumper stickers" en los carros que dicen, "mi hijo es un estudiante de honor en el distrito escolar tal." Seguro que lo has visto. Esto lo usan en los Estados Unidos como gestó a la estimulación del estudio juvenil. Esto enorgullece los padres y sube la moral del estudiante para que se siga esforzando. También estimula los padres apoyar su hijo en los estudios de la primaria y secundaria. Sí Rebecca fuera joven de nuestros tiempos, su papa Betuel tendría una etiqueta en su coche que denotaría que Rebecca era joven diligente.

Sabemos que Rebecca era joven diligente porque cuando por primera ves la observamos en el libro de Génesis la vemos ofreciendo ayuda a uno de los siervos de Abraham para darle de beber a sus camellos.

TODO COMENZO CON ABRAHAM
Todo comenzó con el patriarca Abraham cuando ya era un anciano. Una de sus grandes preocupaciones era que su hijo Isaac contraerá matrimonio con

una mujer, y por su puesto Abraham, no quería que su hijo Isaac se casará con una mujer de las naciones de canaan. El estaba ya viejo y sabía que le quedaba pocos días por vivir. A la luz de esto llamo su siervo y le hizo jurar diciéndole, "Te ruego que pongas tu mano debajo de mi muslo, y te haré jurar por el SEÑOR, Dios de los cielos y Dios de la tierra, que no tomarás mujer para mi hijo de las hijas de los cananeos, entre los cuales yo habito; sino que irás a mi tierra y a mis parientes, y tomarás mujer para mi hijo Isaac (Génesis 24:2-4)." Abraham sabía que sí su hijo Isaac se casaría con una cananea quedaría contaminado y que un matrimonio desigual debilitaría y sería contrario a la promesa hecha por Dios.

El anhelo de Abraham era que la promesa de Dios se cumpliera. Esto era de gran importancia para el. Sus experiencias con Dios habían sido tan importantes que el no dejo lugar para vacilar. Estaba determinado en que se cumpliera la promesa de Dios. Aunque su siervo tenia sus preocupaciones Abraham superó las dudas insistiendo que su siervo nunca llevara su hijo Isaac de vueltas a Ur. Ya Abraham estaba resuelto que la voluntad de Dios se tenía que hacer. Expresó las siguientes palabras a su siervo, "Guárdate de llevar allá a mi hijo. El SEÑOR, Dios de los cielos, que me tomó de la casa de mi padre y de la tierra donde nací, y que me habló y me juró, diciendo: "A tu descendencia daré esta tierra", El mandará su ángel delante de ti, y tomarás de allí mujer para mi hijo. Si la mujer no quiere seguirte, quedarás libre de este mi juramento; sólo que no lleves allá a mi hijo (Génesis 24:6-8)." Abraham impartió estas palabras de fe con su siervo pero le dejo instrucciones claras que no llevara Isaac a Ur bajo ningunas circunstancias. Abraham tenía la fe que Dios iba proveer. Su siervo tenía preocupaciones, pero Abraham, tenía fe.

El siervo de Abraham se esmeró y demostró que el iba buscar una persona para Isaac que era de alta calidad. Esto lo demostró porque preparo diez camellos con un dote especial para emprender la jornada. En aquellos tiempos se acostumbraba dar un dote a la familia de la novia. Fijemos nos en lo que dice el escritor, "Entonces el siervo tomó diez camellos de entre los camellos de su señor, y partió con toda clase de bienes de su señor en su mano; y se levantó y fue a Mesopotamia, a la ciudad de Nacor (Génesis 24:10)."

Este siervo de Abraham quién se cree fue, Eliezer partió con todo tipo de bienes de su señor. No da especificidad pero como sabemos que el era el el administrador de todos los bienes de Abraham, salió con ciertas posesiones que demostrarían a la candidata que el esposo provenía de una familia pudiente. Siendo que esto fue una Jornada de 600 kilómetros y se tomaría no menos de un mes en viajar, el siervo de Abraham no sólo llevaba su dote, sino que entre sus cargamentos llevaba sus alimentos y necesidades para el largo viaje. No podemos pretender que iba sólo. La historia guarda silencio, y no da tantos detalles, en estos respectos; pero es de suponer que el siervo viajaba con algunos criados necesarios para la defensa contra los ladrones y maleantes que se encontraría en el camino.

Es de notar que este siervo era un hombre que temía a Dios. Vamos observar su ruego delante de Dios al llegar a la área circunvecina la ciudad de Nacor; "y dijo: Oh SEÑOR, Dios de mi señor Abraham, te ruego que me des éxito hoy, y que tengas misericordia de mi señor Abraham. He aquí, estoy de pie junto a la fuente de agua, y las hijas de los hombres de la ciudad salen para sacar agua. Que sea la joven a quien yo diga: "Por favor, baja tu cántaro para que yo beba", y que responda: "Bebe, y también daré de beber a tus camellos", la que tú has designado para tu siervo Isaac; y por ello sabré que has mostrado misericordia a mi señor (Génesis 24: 12-14)." Es bastante interesante, la noción que este siervo oro por el éxito. ¿Será entonces que orar por el éxito en la vida no es nada de malo? ¿Será que el éxito es algo por la cual debemos orar? Pensemos por un momento en lo que este siervo pedía. El quería encontrar una joven con la disponibilidad de no sólo dar a beber a el, sino a sus diez camellos. Sigamos pensado en esto por un momento. Un camello puede viajar como cinco a siete días sin tomar agua. Además cuando toma agua puede tomarse hasta treinta galones de agua en una sentada. ¡Piénsalo! Es decir, Eliezer, este siervo estaba buscando una joven dispuesta sacar casi trescientos galones de agua del pozo para darle a beber ¡a estos diez camellos! Esta era la prueba del carácter de la mujer que este siervo estaba buscando, para el hijo de su amo. Seguramente no toda joven se iba prestar para esta tarea.

El siervo de Abraham se compadecía de el. El sabía lo mucho que significaba para su amo; que su hijo Isaac encontrara una mujer idónea. Esto pondría Abraham en un estado de reposo espiritual sabiendo que a su partida, la promesa de Dios continuaría. Por eso, Abraham prohibió su siervo hacer llegar Isaac a las tierras de Ur. El plan de Dios era demasiado importante para abandonarlo. Fue por esto que este siervo ¡rogó por el éxito! Creo que aquí podemos declarar con certeza que cuando rogamos por el éxito con los motivos correctos que agradan a Dios; ¡El responde!

Veamos lo que sucedió después: "Y sucedió que antes de haber terminado de hablar, he aquí que Rebeca, hija de Betuel, hijo de Milca, mujer de Nacor, hermano de Abraham, salió con el cántaro sobre su hombro. La joven era muy hermosa, virgen, ningún hombre la había conocido; bajó ella a la fuente, llenó su cántaro y subió. Y ella dijo: Bebe, señor mío. Y enseguida bajó el cántaro a su mano, y le dio de beber. Cuando había terminado de darle de beber, dijo: Sacaré también para tus camellos hasta que hayan terminado de beber. Y rápidamente vació el cántaro en el abrevadero, y corrió otra vez a la fuente para sacar agua, y sacó para todos sus camellos (Génesis 24: 15-20)."

Es aquí donde podemos observar esas cualidades admirables de Rebeca. Aquí observamos su hospitalidad hacia este siervo extranjero. Le dio a beber y voluntariamente se dispuso darle de tomar a sus diez camellos. Aquí observamos su diligencia incansable. No era una joven parsimoniosa sino industriosa, productiva, positiva, y trabajadora. Alguien dijo que demostramos quienes somos de verdad cuando no estamos conscientes de sí mismo. Aquí Rebeca no tenía la mínima idea que este gestó era un acto determinante para ella. No estaba consciente que su benignidad, su dadivosidad, y esa bondad que estaba mostrando eran frutos que le iban llevar a un nivel más alto en su destino. No está dé malo injertar las palabras de San Pablo cuando dijo, "Y no nos cansemos de hacer el bien, pues a su tiempo, si no nos cansamos, segaremos. Así que entonces, hagamos bien a todos según tengamos oportunidad, y especialmente a los de la familia de la fe (Galatas 6: 9-10)." ¡Aquí hay un tesoro espiritual al aprender! Uno nunca sabe quien nos está observando y lo cerca que podemos estar de un cambio drástico en nuestras vidas para lo mejor y el bien. Rebeca salió a buscar agua esa tarde porque era su responsabilidad. Era su función en la casa y posiblemente bajo las órdenes de su padre Bethuel. Para ella era un deber, una tarea, un que hacer de la vida cotidiana pero para su destino y los planes de Dios para con su vida era el campo donde ella estaba mostrando su fidelidad en el servicio. En aquel momento ella nunca se podía imaginar que ella entraría en el rango de las matriarcas para aportar su parte al linaje y posteridad de la nación de Israel; no se imaginaba que del fruto de su vientre se extendería una línea que llegaría hasta el Mesías, Jesucristo. Nunca debemos pensar que Dios no nos esta mirando en nuestras vidas cotidianas. No debemos pensar que la vida cotidiana es de menor importancia que la vida eclesiástica. Los momentos de impresionar a Dios nos son en las tarimas de las iglesias o bajo la luz de un escenario público cuando estamos conscientes de nuestro show, sino cuando en las tareas menos ilustres seguimos funcionando con la misma gentileza, bondad, benignidad, diligencia, industrioso, y productividad que demuestra que amamos la responsabilidad y que somos gente de confianza y de fidelidad. Es ahí en la fidelidad del diario vivir, que Dios nos premia.

Fue allí en esa fidelidad demostrado en su vida cotidiana que Rebeca fue premiada. Ella mostró su diligencia hasta el fin. No dejo de sacar agua hasta que todos los camellos bebieron hasta terminar. "... cuando los camellos habían terminado de beber, el hombre tomó un anillo de oro que pesaba medio siclo, y dos brazaletes que pesaban diez siclos de oro (Génesis 24:22)." Tal vez a este punto Rebeca pensó que era afortunada y que esto era un gran gesto de parte de este jornalero pero todavía no se imaginaba que esto era tan solo el comienzo de una bendición mayor. Su vida estaba por ser cambiada. Estaba por ser elegida a formar parte de esa línea genealógica y privilegiada de la cual descendería el Mesías. Iba formar parte de la familia del pacto. Algo que, tal ves, en el mundo contemporáneo se refleja un paralelo en la historia de la princesa Diana y el príncipe Carlos de Inglaterra (1).

Eliezer, siervo de Abraham le pregunto, "¿De quién eres hija? Dime, te ruego, ¿hay en la casa de tu padre lugar para hospedarnos (Génesis 24:23)?" Aún aquí, la respuesta de Rebeca reflejó que ella extendió su hospitalidad; "Ella le respondió: Soy hija de Betuel, el hijo que Milca dio a luz a Nacor. Y le dijo además: Tenemos suficiente paja y forraje, y lugar para hospedarse (Génesis 24:24,25)." Fue aquí que el siervo se dio cuenta que el favor de Dios había estado sobre su viaje, había alcanzado el éxito por la cual había orado y viajado.

No fue hasta que Rebecca oyó Eliezer orar que ella se dio cuenta que algo mayor estaba sucediendo aquí. Ella, "...corrió y contó estas cosas a los de la casa de su madre (Génesis 24:28)." Eliezer fue bien recibido en la casa de Rebecca. Su hermano Laban había preparado lugar para recibir este jornalero especial; saliendo al encuentro con Eliezer, "...le dijo: Entra, bendito del SEÑOR. ¿Por qué estás fuera? Yo he preparado la casa y un lugar para los camellos (Génesis 24:31)." No sólo le preparó lugar a los camellos sino que trató bien a los siervos que viajaban con Eliezer y la casa de Rebecca preparo una cena muy especial; "Pero cuando la comida fue puesta delante de él para que comiera, (Eliezer) dijo: 'No comeré hasta que haya dicho el propósito de mi viaje.' Y Labán le dijo: Habla (Génesis 24:33)." Es decir este siervo de Abraham sintió la urgencia de comunicar el propósito de su viaje. Dios había contestado su oración y vio necesario compartir con los de allí el porque de su jornada y lo que Dios había hecho.

Dio noticias sobre la forma en que Dios había bendecido Abraham; "...el SEÑOR ha bendecido en gran manera a mi señor, que se ha enriquecido, y le ha dado ovejas y vacas, plata y oro, siervos y siervas, camellos y asnos (Génesis 24:35)." Luego les informo que Sara había tenido un hijo; "Y Sara, la mujer de mi señor, le dio a luz un hijo a mi señor en su vejez; y mi señor le ha dado a él todo lo que posee (Génesis 24:36)."

HACIENDO DECISIONES FIRMES
Luego de haberles presentado toda la historia y los sucesos, les planteó el meollo del asunto dando entender que era tiempo para la familia de Rebecca tomar una decisión; compartió lo que había dicho Abraham, "...entonces cuando llegues a mis parientes quedarás libre de mi juramento; y si ellos no te la dan, también quedarás libre de mi juramento (Génesis 24:41)." Les dio

entender que el había venido buscar una esposa para Isaac, hijo de Abraham. Fue un momento decisivo y le agrego; "Ahora pues, si habéis de mostrar bondad y sinceridad con mi señor, decídmelo; y si no, decídmelo también, para que vaya yo a la mano derecha o a la izquierda (Génesis 24:49)." Eliezer necesitaba saber cual era la decisión que iban tomar. Pienso que aquí hay una aplicación para nuestras vidas. No había duda que Dios estaba orquestando los eventos para que las vidas de Isaac y Rebecca se cruzarán pero ellos tenían que tomar una decisión. Pienso que esto también se presta para una aplicación a nuestras vidas. Dios puede coordinar todos los eventos que crearán las condiciones ideales para cumplir con Su voluntad pero El nunca tomara la decisión de entrar y caminar en ella por ti. Nadie verdaderamente hace la voluntad de Dios sin que su voluntad este sometida a la voluntad mayor de Dios. El Señor nunca tomara decisiones por usted.

A veces solemos oír personas decir, y tal ves lo hemos dicho, "que sea lo que Dios quiera." Es la frase que usamos frente decisiones fuertes de la vida. Pero, hay otros momentos en la vida que sí conocemos la voluntad de Dios y es cuestión de entrar, subir, obedecer, y caminar en ella. Este era el momento de entrar para Rebecca. Una decisión se tenía que tomar.

La familia de Rebecca no impuso obstáculos y rapidamente entraron en acuerdo con el siervo de Abraham. Le dijeron, "Del SEÑOR ha salido esto; no podemos decirte que está mal ni que está bien. He aquí, Rebeca está delante de ti, tómala y vete, y que sea ella la mujer del hijo de tu señor, como el SEÑOR ha dicho (Génesis 24:50-51)." Ellos reconocieron la soberana voluntad de Dios; reconocieron que cuando se trata de la perfecta voluntad de Dios, no podemos estar aportando opiniones ni cuestionar. Es decir, cuando reconocemos que algo viene de Dios lo mejor que podemos hacer es aceptarlo y cumplir con el plan de Dios. Que bueno es cuando podemos reconocer la voluntad de Dios y someternos a ella. A veces no es fácil someternos a la voluntad de Dios, pero cuando las indicaciones son tan claras y tan innegables no nos queda de otra sino entrar, subir, y someternos a la perfecta y soberana voluntad del Señor.

NO PODEMOS VACILAR EN EL HACER LA VOLUNTAD DE DIOS
Al día siguiente el siervo de Abraham quería regresar de una vez a su señor para informarle del éxito que Dios le había dado. Quería salir corriendo. Sin embargo, el hermano y la mama de Rebecca quisieron que Rebecca se quedará unos cuantos días más con ellos. No obstante, el siervo de Abraham insistió diciendo, "No me detengáis, puesto que el SEÑOR ha dado éxito a mi viaje; enviadme para que vaya a mi señor (Génesis 24:56)." Creo que aquí había sagacidad de parte de este siervo. Cuando se trata de cumplir la voluntad de Dios, dar lugar al titubeo, y a la claudicación solo abre la puerta a

la resistencia. Claro esta, que las emociones enlazados entre Rebecca y su familia estaban en juego aquí pero ya se había comprobado que ella estaba en la perfecta voluntad de Dios. Ya Eliezer, este siervo de Abraham, había compartido sus dotes con ellos, dándole, "...objetos de plata, objetos de oro y vestidos, y se los dio a Rebeca; dio también cosas preciosas a su hermano y a su madre (Génesis 24:53)." Habían cenado y habían compartido una noche juntos. Fue aquí cuando los parientes de Rebecca le preguntaron, "¿Te irás con este hombre? Y ella dijo: Me iré (Génesis 24:58)." Ella no vacilo en su decisión. Aquí vemos la diligencia de Rebecca. No sólo fue diligente para darle de beber a los camellos, fue diligente también para cumplir con la voluntad de Dios. Observando de cerca su vida notamos que era una joven de buenísimas cualidades. Era una candidata ideal para el joven Isaac, sucesor de la promesa hecha a Abraham. Al despedirla sus padres le dijeron, "Que tú, hermana nuestra, te conviertas en millares de miríadas, y posean tus descendientes la puerta de los que los aborrecen (Génesis 24:60)." La bendijeron con palabras consistentes con la promesa hecha a Abraham. Le desearon una descendencia de millares y de un pueblo de gran fuerza. Sin saberlo estaban pintando un cuadro de su destino con sus palabras. Tomó la oportunidad de injertar aquí la importancia de hablar en dirección al potencial positivo que observamos en nuestros hijos y seres queridos. Los parientes de Rebecca vieron en ella el potencial de ser una gran matriarca, madre de multitudes, y de gentes, fuertes, prosperas y bendecidas. Pidamos a Dios que nos ayude ver el potencial positivo en los demás para que podamos sembrar en ellos palabras de prosperidad, fe y esperanza que les ayudé alcanzar su pleno destino en Dios.

Eliezer emprendió el viaje con Rebecca y sus nodrizas. Tomaron el viaje de varias semanas desde las tierras de Nacor, cruzando todo el lado esté de la Jordania, hasta llegar al Neguev, a los territorios de Berseba, lo que hoy son las tierras del Hebron al sur de Jerusalen. Fue un viaje de aproximadamente un mes. Eliezer había salido con una caravana de diez camellos, y ahora regresaba con un corrillo de mujeres nobles e ideales y entré ellas traía una, que era un tesoro, para el hijo de su amo, Isaac.

A estas alturas nos provoca culminar esta cartilla y declarar, "¡misión cumplida!" Sí así fuera, tendríamos bastantes aplicaciones para la vida que serían de mucho provecho. Pero tenemos que considerar que lo que vemos en la vida de Rebecca hasta ahora es tan solo el comienzo de la cima de su vida. Desde aquí se ve el horizonte del resto de sus días. Tristemente el resto de sus días giran en torno una neblina que culmina dentro de lo desconocido. Pronto nos daremos cuenta, el porque de la brevedad de su gloria. Al seguir entenderemos la razón detrás de este chocante cambio en la trayectoria de esta estrella que emerge en la escénica con tanta luz; y luego se apaga.

LA GUERRA EN EL INTERIOR

Con el tiempo Rebecca quedo encinta, cosa que era muy deseable para las mujeres de sus días. Dice la Escritura, "Y oró Isaac al SEÑOR en favor de su mujer, porque ella era estéril; y lo escuchó el SEÑOR, y Rebeca su mujer concibió (Génesis 25:21)." Es de interés que ella era una mujer estéril. En otro lugar dice la Escritura, que, "Isaac la trajo (a Rebecca) a la tienda de su madre Sara, y tomó a Rebeca y ella fue su mujer, y la amó. Así se consoló Isaac después de la muerte de su madre (Génesis 24:67)." Es decir, Rebecca fue mujer de consolación para Isaac. Sin embargo, ella fue mujer estéril. Que interesante que aunque Rebecca era la mujer designada para Isaac, y este enlacé matrimonial estaba dentro de la voluntad perfecta de Dios, esta relación no estaba libre de retos. Isaac se encontró orando para que Dios bendijera el vientre de su mujer.

Rebecca se encontró luego, encinta y para su sorpresa se encontró con gemelos; "Y los hijos luchaban dentro de ella; y ella dijo: Si esto es así, ¿para qué vivo yo? Y fue a consultar al SEÑOR (Génesis 25:22)." Fue tan violenta la lucha que estos gemelos tenían en su vientre que ella se preocupó y tuvo que ir al Señor en oración para comprender mejor lo que estaba sucediendo en ella. La respuesta de Jehová fue la siguiente; "Dos naciones hay en tu seno, y dos pueblos se dividirán desde tus entrañas; un pueblo será más fuerte que el otro, y el mayor servirá al menor (Génesis 25:23)."

Desde antes de nacer, Dios había declarado que el hijo mayor serviría al menor.

"Y cuando se cumplieron los días de dar a luz, he aquí, había mellizos en su seno. Salió el primero rojizo, todo velludo como una pelliza, y lo llamaron Esaú. Y después salió su hermano, con su mano asida al talón de Esaú, y lo llamaron Jacob. Isaac tenía sesenta años cuando ella los dio a luz (Génesis 25:24-26)." Isaac tenía sesenta años cuando esto sucedió. Es decir, habían pasado veinte años desde que había contraído matrimonio y todavía ella no había dado a luz. El menor salió agarrado del talón de su hermano mayor por tanto le pusieron por nombre Jacob, que quiere decir suplantar. Ya desde la infancia se veía las características de personalidad de cada uno de estos jóvenes.

"Los niños crecieron, y Esaú llegó a ser diestro cazador, hombre del campo; pero Jacob era hombre pacífico, que habitaba en tiendas. Y amaba Isaac a Esaú porque le gustaba lo que cazaba, pero Rebeca amaba a Jacob (Génesis 25:27,28)." Aquí es donde comenzamos ver un cambio en la historia idílica de Isaac y Rebecca. Hasta el momento casi parece, un cuento de la folclórica.

Parece ser casi un matrimonio ideal. Pero cuando nos acercamos aquí con un lente de aumento podemos observar que detrás de la superficie de este matrimonio pintoresco habían problemas que se iban fomentando. Gracias a Dios, habían superado el problema de la infertilidad de Rebecca pero ahora tendrían que superar el problema del favoritismo entre sus hijos. Isaac amaba a Esau porque fue cazador y Rebecca amaba Jacob porque era muchacho de la casa. Más adelante observaremos como estos favoritismos entre hijos sólo sirvieron para abrirle la puerta a los conflictos dentro del hogar y al dolor emocional y heridas profundas que tan sólo el tiempo y la gracia de Dios podría sanar. Sí somos padres, nunca debemos pensar que los favoritismos entre los hijos son libres de consecuencias. Parece que los favoritismos sí existen en el hogar pero cada padre es retado amar y tratar cada uno de sus hijos con equidad.

Con el tiempo, estos jóvenes crecieron y demostraron tener habilidades y destrezas únicas y pertinentes a sus personalidades. Cosa, que nos enseña que cada uno de nosotros nacemos con habilidades, potenciales, y destrezas únicas, es decir, dones naturales dadas por Dios. El autor de la historia aísla un evento importante en la vida de estos dos jóvenes. Narra la historia que, "Un día, cuando Jacob había preparado un potaje, Esaú vino del campo, agotado; y Esaú dijo a Jacob: Te ruego que me des a comer un poco de ese guisado rojo, pues estoy agotado. Por eso lo llamaron Edom. Pero Jacob le dijo: Véndeme primero tu primogenitura. Y Esaú dijo: He aquí, estoy a punto de morir; ¿de qué me sirve, pues, la primogenitura? Y Jacob dijo: Júramelo primero; y él se lo juró, y vendió su primogenitura a Jacob. Entonces Jacob dio a Esaú pan y guisado de lentejas; y él comió y bebió, se levantó y se fue. Así menospreció Esaú la primogenitura (Génesis 25:29-34)."

No hay necesidad de abundar tanto en las dinámicas de esta historia. Ya comprendemos que en ella se ve la astucia de Jacob, y observamos la negligencia de Esau. Esau puso importancia en las cosas efímeras de la vida y sólo pensó en el presente. Despreció su primogenitura, cosa que era muy importante y de mucho prestigio para un joven de sus tiempos. Jacob también cruzo la raya forjando un plan de astucia para robarle la primogenitura de su hermano. En esto observamos que Jacob no era de la madurez necesaria para confiar en Dios. Pienso que esto nos ilustra que debemos trazar todo camino legítimo para entrar en las bendiciones de Dios. No podemos armar trampas ilegítimas para alcanzar las bendiciones de Dios. En el caso de Jacob, Dios había declarado que el mayor iba servir al menor. No importa la perspectiva que uno le ponga a esto, nos muestra que Dios tiene una bendición para cada uno de nosotros y no hay porque acelerar, fingir, o engañar para intentar alcanzar la bendición. En el caso de Jacob, fueron muchos los años que anduvo como fugitivo con una ruptura en la relación que había tenido con su hermano. En el caso de Esau perdió la bendición aunque había llorado amargamente. "Y Esaú dijo a su padre: ¿No tienes más que una bendición, padre mío? Bendíceme, bendíceme también a mí, padre mío. Y Esaú alzó su voz y lloró (Génesis 27:38)." El autor del libro de Hebreos, en el Nuevo Testamento nos dice, "Porque sabéis que aun después, cuando quiso heredar la bendición, fue rechazado, pues no halló ocasión para el arrepentimiento, aunque la buscó con lágrimas (Hebreos 12:17)." Esto lo escribió concerniente la amargura de Esau. Estos dos hermanos gemelos no fueron sin consecuencias; uno por menospreciar su primogenitura y el otro por armar una trampa de engaño, vivió más de veintiún años como fugitivo, huyéndole a su hermano mayor.

LA MANO DE REBECCA

En todo esto, ¿donde estuvo la mano de Rebecca? Podemos echarle la culpa a las ambiciones de Jacob, pero, si miramos más de cerca encontraremos la mano de una mujer astuta en la holla. Alguien dijo, "nadie conoce lo que hay en la sopa, sólo el que la cocino." Es un refrán común. También creo que nadie conoce su familia mejor que la madre, los hijos que ella crió. Las madres tienen la tendencia de conocer las personalidades de cada uno de sus hijos y también conocen lo que hace mover y entusiasmar a sus maridos. Rebecca conocía las ambiciones de Jacob, conocía los valores de Esau, y conocía el estado frágil de su marido Isaac, por tanto ella desarrolló un complot para darle ventaja a su hijo menor a quién ella prefería y amaba. Es probable que cada vez que Esau se reunía con su padre Isaac, sus oídos no estaban lejos de la puerta de la tienda para escuchar sus conversaciones. Ella ya sabía que Isaac se estaba poniendo viejo y que pronto le iba dar la bendición de la primogenitura a su hijo mayor al quien el amaba y tenía en mayor estima. Con el tiempo, aquel día determinante llego.

"Y aconteció que siendo ya viejo Isaac, y sus ojos demasiado débiles para ver, llamó a Esaú, su hijo mayor, y le dijo: Hijo mío. Y él le respondió: Heme aquí. Y dijo Isaac: Mira, yo soy viejo y no sé el día de mi muerte. Ahora pues, te ruego, toma tu equipo, tu aljaba y tu arco, sal al campo y tráeme caza; y prepárame un buen guisado como a mí me gusta, y tráemelo para que yo coma, y que mi alma te bendiga antes que yo muera (Génesis 27:1-4)." Este era un día determinante para Esau. Había llegado el gran día. El sería el que tomaría la custodia de todos los bienes de su padre. Además recibiría una bendición que no se podría retractar. La bendición de su padre Isaac quedaría como un sello sobre su vida.

UNA MUJER DE ASTUCIA, MÁQUINA UN PLAN

No muy lejos de la conversación estaba Rebecca. "Rebeca estaba escuchando cuando Isaac hablaba a su hijo Esaú. Y cuando Esaú fue al campo a cazar una pieza para traer a casa (Génesis 27:5)." Rápidamente fue y corrió a su hijo menor para decírselo; "Rebeca habló a su hijo Jacob, diciendo: He aquí, oí a tu padre que hablaba con tu hermano Esaú, diciéndole: 'Tráeme caza y prepárame un buen guisado para que coma y te bendiga en presencia del SEÑOR antes de mi muerte (Geneais 27:6,7).'" Rebecca Comenzó maquinar un plan para engañar a su marido y causar que su hijo preferido recibiera la bendición.

Aunque tal vez este extendiendo la semántica del pasaje, cuando analizamos lo que dijo Rebecca, ella dijo, que Isaac quería bendecir Esau, "delante del Señor," sin embargo lo que Isaac había dicho a Esau fue, "para que mi alma te bendiga." No me quiero perder dentro de estos detalles minuciosos pero una comparación entre las palabras de Isaac a Esau y las palabras de Rebecca a Jacob muestra que ella le agrego, "delante de Jehová." Tal vez lo hizo para darle urgencia al asunto. Lo hizo para darle más importancia y énfasis a lo que estaba por suceder. Así implantaría un sentido de urgencia y diligencia en su hijo Jacob cuando le dio su mandado. Todo esto demuestra que Rebecca tenía tacto, y sutileza, y sabía manejar bien la retórica para influir sobre su familia. Era una mujer que sabía manejar su astucia con sutileza. Son en los pequeños detalles así que se revela el carácter de una persona. Me pesa decir que lo que estamos por observar de la vida de Rebecca nos revelara que Rebecca era experta en el engaño.

Ella le dijo a su hijo, "Ahora pues, hijo mío, obedéceme en lo que te mando. Ve ahora al rebaño y tráeme de allí dos de los mejores cabritos de las cabras, y yo prepararé con ellos un buen guisado para tu padre como a él le gusta. Entonces se lo llevarás a tu padre, que comerá, para que te bendiga antes de su muerte (Génesis 27:8-10)." Ella sabía exactamente lo que a su marido le gustaba. Pues, ya había vivido con el cincuenta años. Pienso que ya después de cincuenta años una esposa tiene que conocer a su marido desde adentro hacia afuera y desde la tapa hasta el fondo. Ella sabía exactamente cuantas cucharadas de sal y condimentos ponerle al guisado para que Isaac lo disfrutara.

Jacob demostró una preocupación porque el sabía que el era lampiño y que su hermano era velludo. Pensó que sí su padre le tocase sería descubierto y condenado. La preocupación de Jacob estaba asociado con ser sorprendido en la fechoría, no en el engaño en sí que se estaba montando. Nos demuestra que le faltaba mucho por madurar espiritualmente. Su madre le dijo, "Caiga sobre mí tu maldición, hijo mío; solamente obedéceme, y ve y tráemelos (Génesis 27:13)."

"Y él fue, los tomó y los trajo a su madre; y su madre hizo un buen guisado, como a su padre le gustaba. Entonces Rebeca tomó las mejores vestiduras de Esaú, su hijo mayor, que tenía ella en la casa, y vistió a Jacob, su hijo menor; le puso las pieles de los cabritos sobre las manos y sobre la parte lampiña del cuello, y puso el guisado y el pan que había hecho en manos de su hijo Jacob (Génesis 27:14-17)." A estas alturas Jacob podía arrepentirse y cambiar de mente. Podía retrocederse y dejar de cooperar con el artífice de su madre. Lamentablemente no desistió y continuo cooperando con su madre. Casi se nos explotan los fusiles de la mente pensar que una madre puede conspirar con su hijo para hacer el mal. Sin embargo, las Escrituras no adornan con cortinas hermosas la fea realidad de las fallas de carácter en la personalidad de estos dos individuos aunque pertenecían al linaje del pacto. Nada podía justificar sus acciones. Entre las cosas que Dios aborrece están, "un corazón que maquina planes perversos, pies que corren rápidamente hacia el mal, un testigo falso que dice mentiras, y el que siembra discordia entre hermanos (Proverbios 6:18,19)." Precisamente esos eran los caminos en que esta madre e hijo estaban metidos.

UN HIJO ENGAÑA UN PADRE

Es probable que usted conozca esta historia. Probablemente usted sabe lo que sucedió. Aquel día Jacob engañó su padre Isaac y le robó la bendición a su hermano. Isaac declaró sobre su vida, "Dios te dé, pues, del rocío del cielo, y de la grosura de la tierra, y abundancia de grano y de mosto. Sírvante pueblos, y póstrense ante ti naciones; sé señor de tus hermanos, e inclínense ante ti los hijos de tu madre. Malditos los que te maldigan, y benditos los que te bendigan (Génesis 27:28,29)." Fue una bendición, no retractable. En el preciso momento en que Esau entro para recibir su bendición, ya era muy tarde. Ese día fue un día determinante y fatal para esta familia patriarcal. Se descubrió una madre traicionera, y un hijo engañador. Ya las emociones vengativas pronto correrían por las venas de Esau, y el pobre anciano Isaac seguramente quedaría marcado con un corazón quebrantado para el resto de sus días. El cisma llego a la cima en este hogar. A partir de este día está familia, nunca sería igual.

"Esaú, pues, guardó rencor a Jacob a causa de la bendición con que su padre lo había bendecido; y Esaú se dijo: Los días de luto por mi padre están cerca; entonces mataré a mi hermano Jacob (Génesis 27:41)." La discordia había llegado a ese hogar. Si hasta el momento hubiese habido alguna rivalidad entre estos dos hermanos esas semillas de discordia se fomentaron y se provoco aún más a través de la mano de una mujer llamada Rebecca. La sugerencia a su hijo menor de engañar a su padre y conspirar junto con el para engañarle no hizo más que traer división al seno de ese hogar patriarcal. A partir de lo hecho está familia viviría fragmentada para el resto de sus días.

LA SEPARACIÓN DE REBECA Y JACOB

Rebecca se vio obligada hacer otro plan para salvar aquel hijo quien ella amaba y prefería; "Cuando las palabras de Esaú, su hijo mayor, le fueron comunicadas a Rebeca, envió a llamar a Jacob, su hijo menor, y le dijo: Mira, en cuanto a ti, tu hermano Esaú se consuela con la idea de matarte. Ahora pues, hijo mío, obedece mi voz: levántate y huye a Harán, a casa de mi hermano Labán. Y quédate con él algunos días hasta que se calme el furor de tu hermano; hasta que la ira de tu hermano contra ti se calme, y olvide lo que le hiciste. Entonces enviaré y te traeré de allá. ¿Por qué he de sufrir la pérdida de vosotros dos en un mismo día (Génesis 27:42-45)?"

El plan de Rebecca fue enviar su apreciado hijo a la casa de su hermano Laban. Lo envió a tomar un viaje que ella había tomado más de cincuenta años a tras cuando ella vino a Berseba por primera vez con aquel siervo de Abraham cuando por primera vez conoció a Isaac como su marido. Ella había venido de las tierras de Nacor con una trulla de camellos y siervos y siervas pero esta vez, ella enviaba a su hijo a subir sólo por tierras que el nunca había pisado. Es de interés que ella le dijo, "quédate allí algunos días hasta que se calmé el furor de tu hermano." No creo que Rebecca se pudo imaginar que lo que ella pensó serían algunos días se convirtió en 21 años. A partir del día en que Isaac despidió a su hijo: "Entonces Isaac despidió a Jacob, y éste fue a Padán-aram, a casa de Labán, hijo de Betuel arameo, hermano de Rebeca, madre de Jacob y Esaú (Génesis 28:5);" Rebecca jamás volvió ver su apreciado y preferido hijo. Es aquí donde las Escrituras guardan silencio sobre el resto de los actos de Rebecca. Nada más se dice de ella sólo que fue enterrada en la cueva de Macpela al lado de Isaac. El resto de sus días terminaron dentro de la neblina y las sobras del olvido.

NUESTROS HECHOS Y NUESTRAS CONSECUENCIAS

Nunca debemos pensar que nuestros hechos son libres de consecuencias. Entre las consecuencias con las cuales tenía que vivir Rebecca era la ausencia de su hijo por el resto de sus días. Nunca lo vio más. Sí está historia hubiese sido diferente Jacob hubiese logrado la preeminencia que Dios había prometido de una manera más honrada. Lo único que hizo los actos deshonestos de Rebecca, quien fomentó la mentira en su hijo, fue crear una enemistad entre Esau y Jacob que duró por generaciones. Los Edomitas, quienes fueron la nación que descendió de Esau, fueron una nación hostil hacia los israelitas y en el día que Nabucodonosor arraso con Israel ellos ayudaron este rey babilonio destruir a Jerusalen y a Judea. Es por esto que el Salmo dice, "Recuerda, oh SEÑOR, contra los hijos de Edom el día de Jerusalén, quienes dijeron: Arrasadla, arrasadla hasta sus cimientos (Salmo 137:7)." Tambien Abdias escribió referente a Edom, "Por la violencia contra tu hermano Jacob, te cubrirá la vergüenza, y serás cortado para siempre (Abdias

1:10)." Nunca sabemos hasta donde puede llegar la sombra de enemistad que hemos sembrado cuando por querer estar en control absoluto de las circunstancias empleamos las artimañas de la mentira y el engaño. Esto fue lo que sucedió con Rebecca. No supo confiar en Dios. No supo manejar las promesas de Dios y las tomo en sus propias manos. Aplicamos aquí que el hecho que el Señor tenga promesas muy ciertas y fijas para nuestras vidas no nos da el derecho de tomar la ventaja sobre otros y abusar de ellos. Rebecca quiso estar en control del destino de su hijo dentro de una promesa que Dios había hecho. Esto es lo que nos sucede cuando no sabemos confiar en Dios. Tenemos la tendencia de querer tomar las cosas en nuestras propias manos para controlarlas.

DIOS NO PREMIA EL ENGAÑO

No es posible pretender que Dios estuvo de acuerdo con el complot de Rebecca y Isaac. Sí analizamos el fruto de sus acciones observamos que no hubo ninguno. Los anales de la historia cesan de grabar los actos de Rebecca y de lo que vemos en Jacob, observamos que se fue a vivir en la casa de su tío Laban quién comprobó tener más astucia que el. Jacob le sirvió en una ardua mano de obra por catorce años por obtener la mano de Raquel quien el amaba. En lo personal no observamos que el alcance de la primogenitura y de la bendición proclamada sobre su vida le fue de algún provecho, pues no pudo quedarse en Berseba para disfrutar los bienes de su padre Isaac y fue fugitivo huyendo de la mano vengativa de Esau por 21 años. Pues, ¿de que le sirvió obedecer la voz de su madre y permitir que el deseo de la sutileza del engaño entrara en el? A la larga el engañado fue el. No negamos que en la posteridad las promesas declaradas sobre el se manifestarían en su posteridad pero, en el nivel inmediato, y en el lapso de su vida hubo más ardua labor y sufrimiento que posesión material, reboso y refrigerio. La vida de Jacob se caracterizó por el trabajo y no fue hasta su edad madura, ya llegando a más de los 60 años de edad que fue obteniendo la abundancia que tal vez esperaba lograr hacia más de veinte años antes. A demás la historia se volvió a repetir cuando en su estado de anciano sus propios hijos le engañaron trayéndole la noticia que su hijo preferido José había sido devorado por una bestia. No olvidamos que en su juventud su madre le había vestido con el mejor manto de su hermano Esau, para engañar a su padre y ahora un manto de muchos colores se le entregaba marcado con un color que predominaba sobre los de demás; el color de la sangre que le decía, "tu hijo menor está muerto (Génesis 37:31-33)." Los días de Jacob fueron difíciles.

TODO LO PAGAMOS EN LA VIDA

La vida tiene una manera de pagarnos. Alguien dijo una vez que la vida es como un eco en las montañas. Las palabras que tu gritas te son devueltas en el eco. Así, en la vida, lo que sembramos, eso cosechamos. Es muy cierto que

Dios nos sabe bendecir y esperamos que El lo hará; sin embargo, el también sabe bendecir sin contradecir la ley de justicia que por su puesto, proviene de el. Las muchas bendiciones de Jacob, tantos espirituales como temporales no le taparon ni formaron un escudo a su alrededor para protegerle del sufrimiento que el mismo inicio con sus acciones, ni le protegió de los dolores que vinieron a su vida a través de la ley de la justicia.

Culminando esta pequeña cartilla y dibujo biográfico en la vida de Rebecca observamos que nuestras vidas pueden ser como una montaña rusa. Nuestros defectos pueden ser tan bajos como las alturas que puedan alcanzar nuestras virtudes. Aprendemos aquí que por más alto y prometedor que sean nuestras virtudes y nuestra diligencia, no podemos dejar de guardar nuestro corazón; "Con toda diligencia guarda tu corazón, porque de él brotan los manantiales de la vida (Proverbios 4:23)." Aprendemos de Rebecca que aquella misma diligencia que ella aplicó para hacer el bien sirviéndole agua a los camellos del siervo de Abraham, fue la misma diligencia que fue empleada para hacer el mal engañando a su marido. Usa tus virtudes y dirige los hacia el bien siempre y verás como el Señor te bendice y vivirás más libre de consecuencias innecesarias en tu vida.

NO SE DEJE LLEVAR POR PRINCIPIOS MALSANOS
No me atrevo decir que Rebecca no amaba su hogar. Pienso que amaba su marido y sus hijos. Sólo que se dejo llevar por principios malsanos. La preferencia de un hijo sobre los demás y el deseo de controlar el mínimo detalle en la vida de los demás y imponer su mano en el resultado del destino de su familia reboto en el infortunio familiar. Aunque sea difícil, aveces tenemos que discernir cuando es el momento de abandonar nuestras preocupaciones por la familia en las manos de Dios. Cuando queremos controlar aquello que ya está en las manos de Dios, ni el amor que le tengamos a nuestras familias nos guardara de cometer errores. Hay momentos que le toca a Dios controlar y lidiar con los miembros de nuestra familia y no nosotros. Vivir una vida llena de ansiedades por la familia puede ser la reacción más natural que tengamos sobre el hogar, sin embargo sí no velamos, nos puede desviar de la cordura y la sabiduría necesaria que necesitamos para criar una familia alegre y saludable; no perfecta, pero, alegre, bendecida, y saludable.

A veces es menos importante como empezamos y es más importante como terminamos.

En Rebecca observamos una mujer virtuosa que arruino las relaciones en su familia. Dios nos ayudé vivir libres de semejantes consecuencias.

Dios le bendiga apreciado lector.

CAPITULO 5

LA SAMARITANA – UNA MUJER TRANSFORMADA Y HECHA LIBRE DE SU PASADO

CAPITULO 5

LA SAMARITANA – UNA MUJER TRANSFORMADA Y HECHA LIBRE DE SU PASADO

Sí has seguido esta serie y has llegado a este, el quinto capítulo en, "Triunfando Sobre Las Crisis de la Vida," observarás que las mujeres cuyas vidas he usado para desenvolver este proyecto vivieron en una edad tan distantes a la nuestra que sus historias se encuentran en los albores del Antiguo Testamento. He escrito de mujeres que vivieron más de 3.000 años atrás. Lo sorprendente de lo que hemos visto es que sus vidas plasman circunstancias que todavía son relevantes para nosotros hoy. Sus vidas caracterizan ciertos rasgos que tenemos en común. A pesar de la aceleración de nuestros tiempos, el hombre no ha podido superar el miedo, el celo, la envidia, y en breves, no ha podido superar los peligros de sus propias pasiones. Hemos aprendido convertir los rayos del sol en energía eléctrica para nuestros hogares pero no hemos podido aprender como manejar lo que hay dentro de nosotros.

Es por esto que un libro como la Biblia siempre será relevante para nosotros. Los muchos miles de años no han podido evolucionar y elevar al hombre a un ser sin necesidad de redención.

Es cierto que la Biblia no es un libro de tecnología. No es un texto que emite los conocimientos misteriosos de civilizaciones pasadas para descifrar los secretos de la antigüedad. La Biblia no da respuesta a muchas cosas. No nos dice como se construyeron las pirámides de Egipto, o el gran muro de la China, o como se levantaron las piedras monolíticas de stonehenge, o como se construyó el zigurat de Ur, tampoco nos dice algo sobre los incas o los mayas y de muchas cosas fascinantes y intrigantes de la antigüedad. Pero si, la Biblia capta el problema universal del hombre que trasciende los tiempos. El hombre tiene un problema en el corazón y es este problema del corazón que nos une a nosotros a las historias de los personajes antiguos que encontramos en las Escrituras.

Salomón, escribió en su proverbio, "Con toda diligencia guarda tu corazón, porque de él brotan los manantiales de la vida (Proverbios 4:23)." Es allí en el corazón donde fluyen y se hospedan los pensamientos más profundos y secretos del hombre y es la convicción de este autor que la Biblia es un libro que habla con el mensaje de Dios a nuestro corazón.

No es el propósito de la Biblia esbozar sobre los temas de las ciencias naturales pero si, la Biblia reúne las reveladas interacciones documentadas que muestran la manera en que Dios trata con el hombre a nivel individual y a nivel colectivo. Es decir, en las Escrituras Dios revela Su voluntad para el ser humano. Sí, la naturaleza básica del hombre no ha cambiado a través de las edades, entonces la Biblia tiene un mensaje relevante para nosotros. El Apóstol San Pablo, escribiéndole a Timoteo le dijo, "Toda Escritura es inspirada por Dios y útil para enseñar, para reprender, para corregir, para instruir en justicia (2 Timoteo 3:16)." Para el Apóstol San Pablo, las Escrituras eran inspiradas y eran útiles. Es por eso estimado lector que yo, como pastor escribo con la firme convicción que no hay un libro más poderoso para transformar nuestras vidas que la Biblia. Además le agrego una cosa más que San Pablo le dijo a Timoteo; le dijo,"...y que desde la niñez has sabido las Sagradas Escrituras, las cuales te pueden dar la sabiduría que lleva a la salvación mediante la fe en Cristo Jesús (2 Timoteo 3:15)." Le agregó esto porque denota que las Sagradas Escrituras nos pueden dar una sabiduría especial. Nos pueden dar una sabiduría que nos lleva a la salvación, porque ellas nos hablan de Jesucristo. Sí queremos conocer el camino a la salvación, sólo hay un lugar donde esto se puede encontrar y es en la Biblia.

Partiendo con esta premisa, quiero viajar por un momento por las páginas del Nuevo Testamento para prestarle una visita a una mujer cuyo nombre se mantiene en el anonimato. Hasta el día de hoy, no conocemos su nombre, sin embargo, su encuentro con la persona de Jesús fue absolutamente transformador y radiante, y la fama de esta mujer se conoce hasta nuestros días. A pesar de que no conocemos su nombre, conocemos su historia.

Pienso que antes de culminar esta pequeña serie, sería sabio visitar esta mujer, pues su vida nos demuestra una verdadera victoria sobre las adversidades de la vida.

JESÚS SE TRASLADA A GALILEA

Llego un momento en el ministerio de Jesús que el se sintió motivado a subir a Galilea desde Judea porque su fama se estaba difundiendo por toda Judea. Los fariseos estaban escuchando que Jesús estaba haciendo y bautizando más personas que Juan y por eso Jesús quiso salir de Judea. Era una movida estratégica para tratar de controlar la rapidez con que su fama se estaba esparciendo por la región. Aunque el no bautizaba, sino que sus discípulos lo hacían, su fama se estaba dando a conocer con mucha velocidad y parece que Jesús deseaba mantenerse en el anonimato por el momento.

Los fariseos ya tenían sus ojos puestos en otro predicador que se llamaba Juan. Este hombre predicaba en el Jordán y decía, "Yo no soy el Cristo (Juan

1:20)." Además Juan decía, "Yo soy LA VOZ DEL QUE CLAMA EN EL
DESIERTO: "ENDEREZAD EL CAMINO DEL SEÑOR",... (Juan 1:23)." El
ministerio de Juan fue intrigante para los fariseos porque las multitudes iban
hacia el para escucharle y ser bautizados. Juan también, a pesar de su fama,
daba indicaciones que alguien mayor que el haría de venir. Esto provoco el
interés de los fariseos aún más. Juan decía, "Yo bautizo en agua, pero entre
vosotros está Uno a quien no conocéis. El es el que viene después de mí, a
quien yo no soy digno de desatar la correa de su sandalia (Juan 1:26, 27)."
Fue por esto que los fariseos tornaron su mirada hacia Jesús.

Fue esta hostilidad que se iba fomentando, hacia Jesús que le llevo partir de
Judea para subir a Galilea. En la trayectoria notifica el evangelista Juan que,
"tenía que pasar por Samaria (Juan 4: 4)."

JESÚS PASA POR SAMARIA
Samaria quedaba entre Judea en el sur y Galilea en el norte. Pasar por
samaria era inevitable. Sin embargo, creen algunos comentaristas que los
judíos más devotos evitaban contacto con los samaritanos porque eran
considerados impuros. Se cree que la ruta tomada por los judíos era por la
costa del río Jordán. Es decir entre la costa oeste del Jordán. Aunque esta
ruta no era la más corta, era la que se usaba para así evitar toda especie de
interacción con los samaritanos. Sin embargo observamos que Jesús llego a
la ciudad de Sicar que se cree vino a ser la capital de Samaria. Es decir, tal
parece que Jesus no tomo la ruta larga y trazo Samaria directamente por el
centro. Es un dato que nos denota la anti-religiosidad de Jesús.

EL TRASFONDO DE LOS SAMARITANOS
La descendencia samaritana se podía trazar hasta los tiempos de Esdras,
Nehemias, y Zorobabel. Después del cautiverio los samaritanos quisieron
ayudar en la construcción del templo pero Zorobabel se les opuso. Leamos
juntos un pedacito de la historia en uno de los libros históricos del Antiguo
Testamento: "Cuando se enteraron los enemigos de Judá y de Benjamín de
que el pueblo del destierro estaba edificando un templo al SEÑOR, Dios de
Israel, se llegaron a Zorobabel y a los jefes de casas paternas, y les dijeron:
Vamos a edificar con vosotros, porque, como vosotros, buscamos a vuestro
Dios, y le hemos estado ofreciendo sacrificios desde los días de Esar-hadón,
rey de Asiria, que nos trajo aquí. Pero Zorobabel y Jesús y los demás jefes de
casas paternas de Israel les dijeron: No tenéis nada en común con nosotros
para que juntos edifiquemos una casa a nuestro Dios, sino que nosotros
unidos la edificaremos al SEÑOR, Dios de Israel, como nos ordenó el rey Ciro,
rey de Persia. Entonces el pueblo de aquella tierra se puso a desanimar al
pueblo de Judá, y a atemorizarlos para que dejaran de edificar (Esdras 4:1-4)."
Esto sucedió más de 480 años antes de Cristo y desde allí se inició una gran

enemistad encarada entre los judíos y los samaritanos.

Además los samaritanos se consideraban de raza mixta. El rey Sargon el segundo había invadido a samaria en 721 AC, y se había llevado más de 27,000 habitantes en cautiverio. Luego, el rey Esahardon comenzó repoblar la región en el 677 AC con otras etnias de Babilonia y otros lugares. Se cree que estas otras etnias se entré mezclaron con los pocos judíos que quedaron. Estas etnias asimilaron una especie de judaísmo sincrético y su escritura sagrada constituía el Pentateuco solamente; los primeros cinco libros del Antiguo Testamento. La raza mixta de los samaritanos era otra razón por la cual ellos eran despreciados por los judíos.

La historia dice que los samaritanos construyeron su propio templo en Gerazim. La historia enseña que Manases, uno de los hermanos del sumo sacerdote se casó con una de las hijas de Sanbalat y que pidió permiso al rey de Persia construir un templo en el monte Gerazim, donde hicieron sus sacrificios mientras practicaron su religión cuasi judía. Aunque este templo fue destruido por un rey judío, Juan Hircano en el 130 AC, la enemistad entre estas dos razas nunca dejo de ser, aún para los tiempos de Cristo. Además, los samaritanos continuaron practicando su judaísmo sincrético, basado en su fervor apegado a los primeros cinco libros del Antiguo Testamento, el Pentateuco. Ellos alegaban tener un Pentateuco más auténtico que Juda. Cuando adoraban, siguieron postrando se en dirección al monte Gerazim donde había estado su templo.

Los samaritanos alegaban tener descendencia desde Efraim, y Manases, quienes fueron los dos hijos de José (Genesis 48:17). Declaraban que eran descendientes de esas tribus, por tanto consideraban a Jacob su padre. Los judíos nunca aceptaron esta declaración y se les hacía difícil aceptar que los samaritanos llevarán su sangre por más mínima que fuese.

La rivalidad y la enemistad entre estos dos pueblos fue tan incrustada en la identidad nacional de los judíos, que llamar una persona un, "samaritano" era un ¡gran insulto! Esta fue la manera que los fariseos se dirigieron a Jesús y le dijeron, en una ocasión, "¿No decimos con razón que tú eres samaritano y que tienes un demonio (Juan 8:48)?" Tiene que haber sido de gran sorpresa para los judíos cuando Jesus uso de ilustración, la persona de, un samaritano, cuando enseño su parábola del buen samaritano (Lucas 10:25-37). ¿Cómo podía un samaritano tener compasión? En su parábola Jesús dijo que, el sacerdote y el levita, pasaron de largo, pero el samaritano había detenido su asno, tuvo compasión del hombre que cayó entre los maleantes, tuvo misericordia de el y le ayudo. Vendo sus heridas y lo llevo al mesón. La osadía de Jesús, para ilustrar una verdad, aquí, no pudiese haber sido más intensa.

Los judíos aborrecían a los samaritanos.

JESÚS HABLA CON LA MUJER SAMARITANA

Con todo este trasfondo, se esclarece un poco más sobre la sorpresa de la mujer samaritana cuando irrumpió en asombro, "¿Cómo es que tú, siendo judío, me pides de beber a mí, que soy samaritana (Juan 4:9)?" Es de notar aquí que Jesús estaba rompiendo las barreras del racismo. También estaba rompiendo las barreras de la discriminación. Además de iniciar contacto con descendencia samaritana, estaba hablando con una mujer. El no le temía a las controversias y estaba dispuesto suspender los protocolos para practicar la misericordia. Los rabinos de sus días no conversaban en público con las mujeres y algunos críticos opinaban que la religión judía era la más represora hacia las mujeres, pero Jesús rompió con todos los protocolos para alcanzar esta mujer y servirle en las áreas espirituales y de transformación en su vida.

Jesús inició su conversación con esta mujer basado en Su necesidad personal. Es de presumir que Jesus, Dios de Dios, la segunda persona de la Trinidad, no tenía necesidad de nada. Sin embargo, aquí lo encontramos cansado, y con sed. Le dijo a la samaritana, "Dame de beber (Juan 4:7)." Los evangelios, y los demás libros del Nuevo Testamento, incluso, la Biblia entera, no presenta un Cristo súper hombre, sin vicisitudes, sin contratiempos, y sin retos personales. La Biblia lo presenta tal y como el era. El era completamente humano, en todos sus sentidos, de manera literal. El autor de la carta a los Hebreos, lo pone de esta forma, "Porque no tenemos un sumo sacerdote que no pueda compadecerse de nuestras flaquezas, sino uno que ha sido tentado en todo como nosotros, pero sin pecado (Hebreos 4:15)." Esto nos denota que Jesus fue completamente e inconfundiblemente, humano. Esto no disminuye Su divinidad, sólo que el autor a los Hebreos afirma que Jesús tiene la capacidad innegable de entendernos con agudeza porque El vivió, tal y como nosotros hemos vivido, pero sin pecado. Las palabras de aliento para nosotros es que podemos acercarnos al Padre con confianza, a través de El, porque El se compadece de nosotros y nos conoce, tal y como nosotros somos. Jesús entiende nuestras flaquezas.

El Maestro se acercó con ternura a la samaritana buscando de ella agua para refrescar su sed. Es irónico que Jesús pedía un favor de ella, pero detrás de ese pedido había una oportunidad que iniciaría un cambio total en ella. Este pedido parecía sencillo. Jesús apelaba a su hospitalidad, y este pedido contradecía sus expectativas. Ella esperaba que los muros erguidos del racismo, atrincherado por cientos de años entre los judíos y samaritanos no resultaría en interacción; pero, en esta ocasión fue diferente. Jesús metió la mano dentro del pozo de sus expectativas y movió las aguas de sus pensamientos para abrir nuevas oportunidades en la vida de esta mujer. ¿Qué habrá detrás de los pedidos sencillos que nos hace el Señor? ¿Será que detrás de estos pedidos sencillos que nos hace el Señor, hay oportunidades de cambio para nuestras vidas? ¿Cuándo fue la última vez que Jesús le pidió por un favor, no por Su bien, sino, por tu bien?

Jesús rápidamente tornó la conversación en dirección hacia las cosas espirituales. Redimió el tiempo y fue directamente al meollo de su necesidad. Le dijo, "Si tú conocieras el don de Dios, y quién es el que te dice: "Dame de beber", tú le habrías pedido a El, y El te hubiera dado agua viva (Juan 4:10)." El Maestro arrojó luz sobre la ignorancia de esta mujer, pero de manera inocua. Aquí vemos la astucia de Jesús para conversar con sabiduría. Delante Su persona había una mujer con necesidad y no había tiempo para dar rodeos. Tenía que hablar con sagacidad para ganar un alma. Para el obrero del evangelio es de inestimable valor observar la forma en que Jesús ganaba los perdidos y buscar la sabiduría divina para hacer, lo mismo.

La samaritana respondió en una manera que reflejaba que ella no estaba a las alturas de los pensamientos de Jesús. Ella percibió que Jesus hablaba de algo espiritual, pero su religión la limitaba en entender en esencia de quien o que Jesús hablaba. Ella le dijo, "Señor, no tienes con qué sacarla, y el pozo es hondo; ¿de dónde, pues, tienes esa agua viva? ¿Acaso eres tú mayor que nuestro padre Jacob, que nos dio el pozo del cual bebió él mismo, y sus hijos, y sus ganados (Juan 4:11, 12)?" Intento darle una respuesta que respondiera a las posibilidades materiales y a las cosas espirituales, según su entendimiento limitado. La intención de Jesús fue llevar esta mujer a la luz. El quiso llevarla por un pasillo de pensamientos donde ella comprendiera las verdades que El hablaba. Quería llevarla a un lugar donde ella comprendiera y tuviera un encuentro, transparente, y verdadero con El. Le dijo, "Todo el que beba de esta agua volverá a tener sed, pero el que beba del agua que yo le daré, no tendrá sed jamás, sino que el agua que yo le daré se convertirá en él en una fuente de agua que brota para vida eterna (Juan 4:13,14)."

Cada vez que Jesús hablaba, provocaba más y más curiosidad y interés en esta mujer. El Maestro era diestro para conversar y ganar almas. Se subraya lo que decía el escritor de los proverbios, " El fruto del justo es árbol de vida, y el que gana almas es sabio (Proverbios 11:30)." La sabiduría de Jesús tenía la samaritana más provocada para conocer y desear más de lo que Jesús hablaba. Le pidió con desesperación, "Señor, dame esa agua, para que no tenga sed ni venga hasta aquí a sacarla (Juan 4:15)." Seguramente esto aliviaría su ardua labor de tener que venir a buscar agua a cada rato de este pozo.

JESÚS RETA LA MUJER SAMARITANA

En el preciso momento que está mujer estaba interesada en lo que Jesús tenía que ofrecer, le cambió el tema a la conversación. Condujo la conversación hacia una dirección más introspectiva. Hasta el momento Jesús había dirigido la conversación hacia sí mismo. Provoco el interés de la samaritana hacia El y lo que El podía ofrecer; pero ahora le dijo a la mujer, "Ve, llama a tu marido y ven acá (Juan 4:16)." Estas palabras sondearon profundamente la conciencia de esta mujer. El resultado fue semejante a aquella pregunta que hizo Dios en el huerto del Edén al principio, "...el SEÑOR Dios llamó al hombre, y le dijo: ¿Dónde estás (Génesis 3:9)?" Era una pregunta retórica, hecha con el motivo de estimular la conciencia y reflexión, en Adán. Semejante táctica fue usada por aquel ángel que lucho con Jacob, cuando le dijo, "¿Cómo te llamas? Y él respondió: Jacob (Genesis 32:27)." El motivo de esta pregunta era causar introspección en Jacob y hacerle pensar en la tendencia de su carácter usurpador. Ahora, Jesús le decía a la samaritana, "busca tu marido y traedle acá."

Seguro que hubo una pausa de suspenso antes de contestar. Pensó por un momento que este pedido ya era más complicado. Ya no se trataba de regalar un vaso de agua. Se trataba de la conducta moral y de los fracasos personales que había tenido en sus relaciones.

Hay momentos cuando el Maestro inquiere en los temas de nuestra vida, que preferimos dejar enlatado y no abrirlos; tal fue la manera que respondió la samaritana. Le dijo, "No tengo marido (Juan 4:17)." Seguramente ella deseaba terminar la conversación allí. Era un pedido bastante agudo y seguramente la incómodo. Fue allí que Jesús la sorprendió con la verdad diciéndole, "Bien has dicho: 'No tengo marido,' porque cinco maridos has tenido, y el que ahora tienes no es tu marido; en eso has dicho la verdad (Juan 4:17,18)." Con estas palabras Jesus enterró sus palabras en el corazón de esta mujer como la punta de una lanza. El Señor, no se demoró llegar al epicentro del problema espiritual que tenía esta dama. Como un médico que diagnostica una enfermedad con agudeza y precisión, Jesús puso su dedo en la raíz de los problemas espirituales que tenía esta mujer.

¿Cómo sabía Jesus, que está mujer había tenido cinco maridos? ¿Cómo sabía Jesús que el hombre con quién ella estaba viviendo, no era su marido? Seguramente, era la primera vez que Jesús había pasado por aquellos entornos. Si en el agotamiento, fatiga, y sed de Jesús, vemos su humanidad, en esta declaración vemos Su discernimiento y Su divinidad. Las dos naturalezas del Señor estaban activas y se movían en la misma dirección con el motivo de salvar esta mujer y cambiar su vida.

Piensan algunos comentaristas bíblicos que el hecho que está mujer fue a sacar agua del pozo al mediodía, denotaba su preocupación por la reputación que tenía. Al medio día el sol Mediterráneo estaría en todo su apogeo. Los terrenos de palestina, secos y áridos, y el clima difícil para la tarea de sacar agua pesada del pozo. El mejor tiempo para sacar agua era en la madrugada, cuando el día todavía no había calentado. Hubiese sido ese la hora que las mujeres del pueblo hubieran salido para buscar el agua del día. ¿Por qué esta samaritana salía cuando las condiciones estaban más hostiles? ¿Será porque temía ante la crítica de las otras mujeres? ¿Será porque estaba avergonzada de la reputación que tenía? Hay alta probabilidad que está mujer se encontraba allí sola, a esa hora para evitar el contacto, las preguntas, y las miradas de las otras mujeres de la sociedad.

Claro está que esta mujer había fracasado en las áreas de sus relaciones. El silencio que guarda el evangelista Juan de los otros detalles de estas relaciones nos dice más que sí hubiesen estado documentadas. Hubiese sido sorprendente pensar que cada matrimonio había terminado por haberse quedado viuda. Es más probable que ella había fracasado en el matrimonio y en el romance. También no es probable pensar que después de cinco matrimonios no iba tener hijos. Lo más probable es que tenía hijos. A demás ella iba al pozo a sacar agua y esto demostraba que ella tenía un hogar, y una familia que atender. Esta era la tarea diaria de las mujeres palestinas del primer siglo; sacar agua para sus familias. Para el colmo ella estaba embrollada en una relación con un hombre, en el momento actual que no era su marido. No se sabe del diálogo que Jesús tuvo con esta mujer si era que ella cohabitaba de manera ilícita con este hombre o sí estaba ella viviendo en adulterio. Vemos que Jesús puso en alto estima y subrayo que cohabitación ilegítima y adulterio es un pecado.

Sin dudas la vida de esta mujer estaba caracterizada por el escándalo. Había perdido su dignidad, se había dado por vencida, y ya los sin sabores de la vida en la área del romance y el matrimonio la tenía sin habilidad de contraer un sexto matrimonio. Tal vez pensaba, "¿para que casarme, si este hombre me va salir como los demás?" Por haber sido tras tocada, manoseada, usada, abusada, traicionada por sus propias emociones y otros, ya no creía en el idealismo del matrimonio. Permítanme hacer la siguiente pregunta: ¿no es esto lo que ha sucedido en la sociedad? ¿No vivimos en una sociedad donde ya la gente no creen en el matrimonio? ¿No conoce usted alguien que se ha divorciado? Tal vez usted es esa persona que ha tenido tantos malos ratos en su matrimonio y su familia que usted está al borde de darse por vencido. Tal vez usted ha perdido su idealismo en la vida y se encuentra apatetico hacia los sueños en la vida. El viaje de Jesús a Sicar nos demuestra que El esta cerca a corazones amargos y los quiere transformar en corazones alegres y libres. Sí Jesús fuera indiferente ante las agonías del corazón, lejos estuviese de Su agenda pasar por Sicar.

Jesús paso por Samaria y llego a la ciudad de Sicar porque había una mujer allí con problemas de identidad y problemas en su autoestima. Sin dudas se sentía indigna. No se sentía nada de merecedora sin embargo, aquí había otro, séptimo hombre haciéndole una oferta y dando promesas únicas de saciar su vida y sus necesidades personales. Probablemente sonaba demasiado bueno para ser cierto. Cuantas veces no había escuchado ella tantas promesas del género masculino, y todas ellas eran castillos en el aire, nubes sin agua; promesas vacías, pues sus experiencias del pasado habían resultado infundadas. Pero en esta ocasión había algo distinto. El tono de voz, la mirada de Sus ojos penetrantes, la ternura en Sus palabras, despertó algo en ella y abrió una puerta a la esperanza que ella pensaba cerrada hacia ella, para siempre. Había sido defraudada tantas veces, pero en esta ocasión había algo diferente.

Que difícil era vivir dentro de la piel de esta mujer. Culpabilidad y vergüenza estaban escritos por toda la fisonomía de su rostro. En palabras coloquiales, no sabía adonde meter la cara con tanta vergüenza que sentía. Tiene que haber sido el tema de todos los chismes del pueblo. Jesús no vino a criticarla. Mucho menos vino para condenarla pero, si vino para confrontarla. Notamos que Jesús no esquivo la malsana conducta de esta mujer. Le dijo, "el hombre con quién estas relacionada ahora mismo, no es tu marido, y estas en una relación, ¡ilegítima!" El Maestro mostró interés en su pasado pero no dejo confrontar el asunto en necesidad de cambio inmediato.

Jesús tiene mucho que ofrecernos. Con tan solo una palabra, puede cambiar nuestras vidas. Puede sanar un hijo de leucemia. Puede sanarnos del cáncer, o de la diabetes. Puede llenar nuestras iglesias con amplia membresia. Nos puede ayudar económicamente y ayudarnos resolver nuestros problemas financieros. Parece hasta abusivo pensar que Jesus nos puede ofrecer todas las cosas que necesitamos sin embargo seguimos luchando con asuntos en la vida que a veces se sienten ser indescriptibles. A veces pensamos, "¿hasta cuándo perdurare en este matrimonio mal llevado y pesado con tantos problemas?" Nos sentimos como en la última ronda de nuestras fuerzas y estamos casi por darnos por vencidos. Cristo tenía mucho que ofrecerle a esta mujer pero no sin antes orientarla a lo que necesitaba su atención moral. El Maestro nos puede llevar a otros niveles pero no sin antes ayudarnos mirar el problema que hay en nosotros mismos. Queremos un elixir, una fórmula rápida, una vara mágica que resuelva todos nuestros problemas pero Jesús nos dice, "traed tu marido acá." Con decirle estas palabras a la samaritana le estaba diciendo, "Yo puedo transformar tu vida pero hay cosas que tu misma tieneis que trabajar y además son cosas que no se van a resolver instantáneamente."

Es contrarió la enseñanza sana hacer ofertas de cambios instantáneos a los necesitados cuando ni Cristo hizo esto. Permítame introducir aquí algunas ideas doctrinales del cristianismo y le pido disculpas si no estas familiarizado con estos temas. La salvación es instantánea pero poco se habla de los procesos necesarios para alcanzar una sana sicología, y sanidad emocional, en el interior completa. Poco se habla del endemoniado Gadareno que tuvo que regresar a su familia para ser reintegrado al hogar después de haber abandonado los suyos (Marcos 5). Poco se habla del paralítico que ando por primera vez luego de haber vivido aislado de la sociedad por treinta y ocho años (Juan 5). Tuvo que aprender socializar con el público y ajustarse a la sociedad, y a las relaciones humanas. Poco se dice de la tensión que hubo entre el joven nacido ciego y sus padres, por la intimidación que sentían de parte de los religiosos (Juan 9). Sí es de utilidad injerto lo sucedido en muchas ocasiones; los encarcelados después de haber salido de la cárcel, habiendo estado allí muchos años tienen dificultad ajustarse a la vida civil y regresan de inmediato a sus celdas. Saben vivir como confinados y su carácter está moldeado de tal forma que no saben enfrentarse a las realidades de la vida cotidiana. El rigor y la disciplina necesaria para un diario vivir en sociedad les hace huir y regresar a sus rejas donde la disciplina es impuesta. Como pastor, lo he visto en más de una ocasión. No hay ningún milagro, hecho por el poder de Jesús que le haya resuelto todos los problemas a una persona. Después del milagro, la vida sigue, y hay que trabajar con nuestros problemas a través de la gracia de Dios. En vez de ir en pos de los milagros, nos sería de más provecho si vamos en pos de aquella gracia que nos ayuda procesar, persistir, y perseverar a través de las circunstancias más adversas. Cristo nos quiere dar más que un milagro, nos quiere dar esa relación con El que necesitamos para enfrentar nuestro futuro con confianza y fe.

Jesús quería darle vida eterna a la samaritana pero quería que ella le hiciera frente y lidiara con los problemas que ella misma tenía. Parecía que dentro de ella había un patrón de conducta, un ciclo que se repetía, y ella lo encontraba difícil de romper. En nuestro mundo desviado, cuantas han sido las mujeres que no han ido de hombre a hombre, teniendo hijos, criando familias mixtas, no habiendo realizado el sueño de tener una familia feliz, ideal, y lo que ha quedado son los restos con las cuales se ha tenido que conformar. Dentro de ella ha quedado el deseo de ser feliz, de tener una figura de padrastro en el hogar, si no es que el sarcasmo todavía no la ha invadido. Lo cierto es que no sólo hubo una samaritana en la ciudad de Sicar. Ella vive en nuestros vecindarios también. Es necesario que Jesús pase por nuestras comunidades. La samaritana había contribuido a su situación. Aunque había sido la víctima del desencanto, no era del todo inocente por las frustraciones que vivía. El ciclo de haber transitado de hombre a hombre nos indica que había un profundo problema en ella y que, sin dudas, tenía mucho que ver con su personalidad y carácter. Al Jesús hacerle pensar en su marido, estaba provocándola a la introspección.

Que mucho tenemos que aprender sobre este encuentro de Jesús con esta mujer samaritana. En cierto modo, es un encuentro con nosotros mismos. Jesús estaba exigiendo un cambio en esta mujer y también exige, un cambio en nosotros. Hay que haber un cambio en la manera en que vivimos. Tenemos que darnos cuenta que cuando se trata del pecado, nuestra actitud hacia el pecado tiene que cambiar y tenemos que abandonarlo. La samaritana tenía que cambiar su estilo de vida. Si quería de esa agua que, "brota para vida eterna, se tenía que arrepentir." Jesús exige lo mismo de nosotros. Señala lo que está mal en nuestra vida para que cambiemos de mente, para que no haya ningunos impedimentos que obstaculicen la, "vida eterna."

Note como Jesús en ningún momento condeno esta mujer. Nunca la avergonzó. No denuncio su pecado públicamente. Ella ya sabía que no vivía correctamente. Para hablar sin tapujes, "ella sabía que estaba mal." El hace lo mismo con nosotros. Se acerca con ternura y nos trata igual. El Apóstol San Pablo escribió, "¿O tienes en poco las riquezas de su bondad, tolerancia y paciencia, ignorando que la bondad de Dios te guía al arrepentimiento (Romanos 2:4)?" El Maestro es paciente con nosotros porque anhela que cada uno de nosotros lleguemos al arrepentimiento.

Es interesante cuando somos enfrentados con realidades espirituales que preferimos eludir. Cuando Jesús confronto la samaritana con la realidad de su condición espiritual, ella rápidamente intentó tornar la conversación hacia los temas y las controversias religiosas. Dijo, "Señor, me parece que tú eres profeta. Nuestros padres adoraron en este monte, y vosotros decís que en Jerusalén está el lugar donde se debe adorar (Juan 4: 19, 20)." Aunque ella trato de desviar la conversación, Jesús usó la oportunidad para continuar hablando con esta mujer y traer enseñanza, entre las más profundas que encontramos en el Nuevo Testamento. Le dijo Jesús. "Mujer, créeme; la hora viene cuando ni en este monte ni en Jerusalén adoraréis al Padre. Vosotros adoráis lo que no conocéis; nosotros adoramos lo que conocemos, porque la salvación viene de los judíos. Pero la hora viene, y ahora es, cuando los verdaderos adoradores adorarán al Padre en espíritu y en verdad; porque ciertamente a los tales el Padre busca que le adoren. Dios es espíritu, y los que le adoran deben adorarle en espíritu y en verdad (Juan 4:21-24)." Mientras la mujer samaritana intentó contender en temas cismáticos con el Señor, Jesús no entretuvo el debate, mucho, y fue al grano. Rápidamente, fue a la esencia del asunto. Subrayo que, el verdadero adorador adora al Padre en espíritu y en verdad. Enfatizo que, estos son los tipos de adoradores que Dios esta buscando; aquellos que le adoran en espíritu y en verdad. La religión no es suficiente para mantener una relación con Dios. Se necesita más que ceremonias, sectas, y ritos.

Jesús defendió la posición histórica del pueblo de Israel, dando entender que la salvación, "viene de los judíos," pero no abundo en la controversia y se mantuvo centrado en la necesidad humana más profunda. Le dio entender que la etnia, las tradiciones culturales, la historia de nuestro país, nuestro patriotismo, y todas estas cosas son secundarias a la mayor necesidad de ser un adorador de Dios en espíritu y en verdad. La bandera religiosa, o la denominación, bajo la cual nos identificamos es de menor valor ante la incambiable realidad que Dios busca adoradores que le adoren en espíritu y en verdad. Para la samaritana, su fanatismo religioso, era su muro que la mantenía fuera de una verdadera experiencia con Dios. Es tan triste que, nuestra religión, nuestra persuasión doctrinal, nuestra denominación, y aún nuestras posiciones teológicas pueden servir de muro para tener intimidad con Dios. Somos fanáticos sin darnos cuenta. A la hora de tener desnudez delante de Dios, nos cubrimos de religión, y como la samaritana, preferimos hablar del monte Gerazim, y de nuestras posiciones teológicas. Es cierto, que, aún nuestro conocimiento bíblico sirve de muro cuando no queremos tener intimidad con Dios.

Jesús dijo, "la hora es ya, que los verdaderos adoradores adoren al Padre en, espíritu y en verdad!" Sólo sucede cuando, echamos a un lado todas las excusas y todo intento de justificarnos y somos sinceros con Dios. Podemos ser tan plásticos, fingiendo delante de Dios, pero El siempre ira al grano, buscando la confesión, un cambio de actitud y mente, y una total dependencia de El. Es ahí donde comienza la verdadera adoración.

DIOS ES ESPÍRITU
Una de las declaraciones más profundas que se encuentra en todo el panorama bíblico, referente la naturaleza de Dios, la encontramos en este diálogo entre Jesús y esta mujer samaritana. Jesús dijo, "Dios es espíritu, y los que le adoran deben adorarle en espíritu y en verdad (Juan 4:24)." Jesús compartió con esta mujer que, Dios en Su esencia es Espíritu y para adorarle tenemos que adorarle con una naturaleza en nosotros que es semejante a la de El. Sí la samaritana iba adorar a Dios, no lo podía lograr sin una transformación espiritual en ella que la iba capacitar para ser una adoradora de Dios, en espíritu y en verdad. Es decir, las maniobras, y métodos que usamos para adorarle a El son secundarias a una mayor realidad. Dios mira el corazón. El conoce la actitud con la cual hacemos las cosas. El sabe si hay

sinceridad en nuestro corazón, y ve los motivos detrás de todo lo que hacemos. La mayor verdad es que el auxilio del Espíritu Santo es indispensable para la verdadera adoración y una verdadera adoración de Dios no es posible sin Su espíritu. Era lo que Jesús le había dicho al fariseo Nicodemo, quien vino a el de noche; le dijo, "... en verdad te digo que el que no nace de nuevo no puede ver el reino de Dios (Juan 3:3)." Jesús dio a entender que una transformación personal, que sólo puede suceder por Su espíritu es necesario para entrar en una relación correcta con Dios.

La samaritana tenía algo en común con los de la fe judía. Ambos estaban esperando la llegada del Mesías. Ella le dijo a Jesús, "Sé que el Mesías viene (el que es llamado Cristo); cuando El venga nos declarará todo (Juan 4:25)." Jesús le dijo; "Yo soy, el que habla contigo (Juan 4:36)." Al decirle estas palabras la samaritana fue compungida con la verdad. Al Jesús identificarse con ella, su voluntad fue impactado. Hasta el momento tan solo había quedado impresionada con las palabras y la sabiduría de Jesús. Luego de haber escuchado Jesús decir, "Yo soy, el que habla contigo" fue impactado por Jesús en sí, y Su persona. Había entrado en contacto, mentalmente, con quién era Jesus, y fue transformada completamente. Experiencia semejante fue la de Pedro, cuando exclamo, "Tú eres el Cristo, el Hijo del Dios viviente (Mateo 16:16)." Fue un momento de revelación personal cuando el entendimiento de Pedro se abrió sobrenaturalmente para comprender quien era Jesús. Era más que un buen maestro, o rabino, o figura religiosa, o profeta. El quien estaba frente ella era el ungido de Dios, el Cristo, la segunda persona de la divina y eterna Trinidad. Esta realización transformo la vida de la samaritana de tal modo que dejo todo pretexto y excusa. El evangelista dice, "Entonces la mujer dejó su cántaro, fue a la ciudad y dijo a los hombres: 'Venid, ved a un hombre que me ha dicho todo lo que yo he hecho. ¿No será éste el Cristo?' Y salieron de la ciudad e iban a El (Juan 4:28-30)." Luego de haber tenido una experiencia transformadora está mujer se atrevió correr a su ciudad y decirle a las personas de su ciudad sobre el encuentro que había tenido con el Señor.

Esta mujer fue cambiada. Ya no temía los comentarios que podían hacer los demás. Ya no tenía vergüenza de haber tenido el estigma de la mujer re-casada varias veces. Ya dejo de preocuparse de ser aquella mujer de mala fama en la sociedad y corrió a ese mismo público que la sospechaba, que eran escépticos a su carácter, y que de muy alta probabilidad no querían ser vistos con ella. El poder de lo que hace Jesús en nosotros cuando nos cambia es sobresaliente. ¿Cómo podía un público creer en la palabra de una mujer como está samaritana? ¿No era ella de baja reputación? ¿No estaba su credibilidad en telas de juicio? Hay algo maravilloso que sucede cuando Jesús se acerca a nuestra vida y se revela a nosotros. Nos llena de esa pasión que persuade y ¡triunfa! Tiene que haber cambiado su semblante y su aspecto. Ya no era la misma mujer y era evidente a los de su comunidad que algo drástico había sucedido en ella. Era notorio que ya ella no era la misma mujer y su habilidad de persuadir fue tan convincente que el pueblo comenzó a salir a ver este hombre que le había dicho todo lo que había hecho. San Pablo escribiéndole a los corintios les dijo, "De modo que si alguno está en Cristo, nueva criatura es; las cosas viejas pasaron; he aquí, son hechas nuevas (2 Corintios 5:17)."

Jesús le dio a esta mujer lo que ella necesitaba; un nuevo comienzo, una nueva oportunidad de ¡vivir otra vez! Esto es lo que distingue a Jesús de las demás personas religiosas que llenan el panorama de las religiones del mundo. Desde Zoroastro, Confuso, Buda, Mahoma, o las demás figuras religiosos de la antigüedad, el único que enseño que tus pecados, las cosas moralmente malas, que hemos hecho en la vida pueden ser quitados, y borrados, y una nueva oportunidad se nos da, si estamos en El, y es como sí nunca hubiésemos pecado. Sin importar, la gravedad, o la índole, o la profundidad de nuestros pecados, Jesús nos dice, "te perdono, vete y no peques más, te doy una ¡nueva oportunidad!" A la luz de esta experiencia en su vida, esta mujer fue ¡transformada!

La historia concluye diciendo lo siguiente, "Y de aquella ciudad, muchos de los samaritanos creyeron en El por la palabra de la mujer que daba testimonio, diciendo: El me dijo todo lo que yo he hecho. De modo que cuando los samaritanos vinieron a El, le rogaban que se quedara con ellos; y se quedó allí dos días. Y muchos más creyeron por su palabra, y decían a la mujer: Ya no creemos por lo que tú has dicho, porque nosotros mismos le hemos oído, y sabemos que éste es en verdad el Salvador del mundo (Juan 4:39-42)." Esta mujer, que prefería vivir su vida en las sombras ahora prefería vivir en la luz pregonando con su vida, que ya no era la misma y una región entera fue impactado por su vida transformada.

La historia del evangelista Juan, sobre la Samaritana, termina allí. Fuera de este pasaje en los evangelios, no se conoce más de ella. Las tradiciones extra bíblicas dicen que esta mujer siguió evangelizando y compartiendo su experiencia con Jesús por todas las regiones y que su fama llego hasta los oídos del emperador Nerón, quien la martirizo, lanzándola dentro de un pozo seco donde murió. Según la tradición de la iglesia ortodoxa oriental su nombre fue Fotini, que quiere decir la iluminada o persona con luz y consideran que su trabajo evangelizador está al nivel de los apóstoles. Aunque estos datos extra bíblicos son parte de la tela de la tradición, no podemos pretender que su historia término allí en el cuarto capítulo del evangelio de Juan. Seguramente, esta mujer samaritana continuo proclamando la realidad de un Cristo, Mesías,

Salvador, quién transforma vidas de la manera en que ella fue transformada. Serían muchos los que creerían en Jesús a causa de su testimonio.

Tornando me hacia usted querido amigo, el triunfo de esta mujer se encontró en un encuentro con el Señor Jesucristo. Quiero sugerirle a usted también que su triunfo se encontrará a través de un encuentro con el mismo Cristo con quien diálogo la mujer samaritana. Ese mismo Jesús, vive hoy, y a través de Su Espíritu te puede tocar en tu mente, corazón, alma, y emociones, y hacer en ti, un milagro. El puede darte la libertad de tus fracasos, deficiencias, inseguridades, y aún de tu pasado. Un nuevo horizonte está por venir, si como la samaritana, crees en El, y pones tu fe en El, para cambiar tu vida. Sólo Jesús puede hacer lo que la buena sicología, y fuerza de voluntad, no puede hacer. Sólo El puede borrar tu pasado (con su preciosa sangre) y hacer de ti una nueva persona. Deseó decirle que yo estoy persuadido que usted no tiene ninguna crisis que Jesús no tenga la capacidad de cambiar con Su poder. Posiblemente este capítulo es la forma que Jesus esta pasando por tu Sicar; posiblemente este librito es la manera que Jesus se puede encontrar contigo en tu pozo. Te ánimo, dejar tu cántaro a un lado, y escucha le con tu corazón y con los oídos de tu conciencia. Has que tu voluntad cooperé con El y permítale que te ayudé. Su ayuda es una fuerza que puede darte victoria y triunfo sobre tu crisis.

El encuentro de Jesús con la samaritana la desconectó de su pasado, y la libro de un ciclo que con seguridad, arruinaría su futuro. Jesús hará lo mismo con nosotros cuando tengamos un encuentro verdadero, sincero, y transparente con El. En El encontramos nuestro triunfo.

EPILOGO

Leer un libro como este tal vez nos llene de fe. Puede ser que nos inspire confiar más en Dios en medio de las pruebas de nuestra vida. Si es así, la finalidad de este autor se ha logrado.

Lector, deseo que sepas que no hay dificultad en su vida que Dios no le pueda ayudarle triunfar y salir adelante.

¡Dios le bendiga!

SOBRE EL AUTOR

El pastor Edgar Vera lleva exponiendo en la enseñanza de la Biblia por más de 21 años. Es un académico auto didáctico, además de haber cruzado sus estudios formales en varias universidades de los Estados Unidos. Sus estudios en arte y filosofía se realizaron en Parsons School of Design, y New School for Scocial Research, en la ciudad de New York. Completo sus estudios a nivel de licenciatura en arquitectura e ingeniería en New York Institute of Technology, y en el campo del pensamiento teológico, cumplió sus estudios a nivel licenciatura con la Facultad Latinoamericana de Estudios Teológicos, en Miami, Florida.

El pastor Vera es Co-fundador de la Iglesia Cristiana Brazos Abiertos, donde actualmente pastorea. Es ministro licenciado de las asambleas de Dios, y también conduce el programa radial, "inspiración para su vida" que difunde en las ondas radiales en el área Tri-estatal de New York, New Jersey, y Connecticut. Todos sus sermones son asequibles a través del pod cast que llevan el mismo nombre.

El pastor Vera, es casado con su esposa Elizabeth por más de 24 años y tiene dos maravillosas hijas, Alyssa Jean, y Veronica Beth. Actualmente hace su residencia en Long Island New York. Es autor emergente con la finalidad de publicar varias obras en el campo teológico enfocados en el crecimiento espiritual.

77010472R00052